O caminho da superação

O CAMINHO DA SUPERAÇÃO

Verônica Rivas

TALENTOS DA LITERATURA BRASILEIRA

ns — grupo novo século

SÃO PAULO, 2019

O caminho da superação
Copyright © 2019 by Verônica Elizabeth Rivas Dias
Copyright © 2019 by Novo Século Editora Ltda.

AQUISIÇÕES
Cleber Vasconcelos

EDITORIAL
Jacob Paes • João Paulo Putini • Nair Ferraz
Renata de Mello do Vale • Vitor Donofrio

PREPARAÇÃO: Tássia Carvalho
DIAGRAMAÇÃO: João Paulo Putini
REVISÃO E CAPA: Equipe Novo Século

Texto de acordo com as normas do Novo Acordo Ortográfico da Língua Portuguesa (1990), em vigor desde 1º de janeiro de 2009.

Dados Internacionais de Catalogação na Publicação (CIP)

Rivas, Verônica
O caminho da superação
Verônica Rivas.
Barueri, SP: Novo Século Editora, 2019.

(Coleção Talentos da Literatura Brasileira)

1. Rivas, Verônica - Narrativas pessoais 2. Sucesso
3. Felicidade 4. Encorajamento 5. Espiritualidade I. Título

19-0519   CDD-158.1

Índice para catálogo sistemático:
1. Autoajuda : Superação 158.1

Alameda Araguaia, 2190 – Bloco A – 11º andar – Conjunto 1111
CEP 06455-000 – Alphaville Industrial, Barueri – SP – Brasil
Tel.: (11) 3699-7107 | Fax: (11) 3699-7323
www.gruponovoseculo.com.br | atendimento@novoseculo.com.br

Dedico este livro a todos os meus familiares e ao meu amado filho.

"Os sonhos são como o vento, você os sente, mas não sabe de onde eles vieram nem para onde vão. Eles inspiram o poeta, animam o escritor, arrebatam o estudante, abrem a inteligência do cientista, dão ousadia ao líder."

AUGUSTO CURY

SUMÁRIO

Prefácio **11**

A descoberta da dura realidade **15**

A dualidade entre a vida e a morte **61**

Profundas transformações após experiências traumáticas **69**

O poder da essência humana **75**

O poder da gratidão **81**

O tempo não existe: viva o presente e seja feliz **89**

Referências bibliográficas **107**

Agradecimentos **109**

PREFÁCIO
"ELA POR ELA"

Estreante como contadora de histórias, Verônica Rivas narra, com desembaraço, a trajetória de um indivíduo que, no auge de sua vida pessoal e profissional, teve de reaprender a viver caso quisesse ficar de pé, respirando, vivo, encontrando-se com o amanhã.

Ela mesma decidiu contar essa história, que é valente: a da própria vida.

Não deve ter sido uma tarefa simples, descomplicada. É certo dizer que a dor é intransferível; imagine, então, descrever o tamanho de um desespero, por exemplo.

O leitor que folhear esta obra vai entender do que falamos e por que afirmamos que Verônica teve de aprender novamente o que já sabia havia tempos.

A novata escritora expressa – sem queixar-se – que deu trombadas com a própria morte e, mesmo assim, ainda amargando sequelas por consequência das enfermidades – normalmente mortais –, sobreviveu e agora nos dá uma lição de como é possível lidar com provações.

Ao longo deste livro, que inicia com o emblemático capítulo "A descoberta da dura realidade", o leitor vai notar o quão difícil é renascer depois de enfrentar todas as adversidades que Verônica enfrentou, tanto no corpo quanto na mente.

Superando isso, Verônica ainda consegue falar sobre triunfo: "Não existe uma fórmula exata para os momentos de felicidade, mas algumas atitudes podem elevar a motivação pessoal e melhorar a vibração".

Melhor irmos para a próxima página e seguirmos com essa história para saber mais sobre a inspiradora saga de Verônica Rivas, a professora, esposa, mãe e, agora, contadora de histórias reais.

Celso Bejarano
jornalista

A DESCOBERTA DA DURA REALIDADE

> "Há mais coisas entre o céu e a terra do que sonha a nossa vã filosofia."
> Shakespeare, *Hamlet*

Este livro faz um recorte da história de uma mulher marcada pelo sofrimento, a qual, entretanto, nunca se deixou abater na ânsia de ultrapassar as barreiras impostas pelas dificuldades encontradas no caminho da vida – ou seja, retrata a minha trajetória de superação pessoal e profissional. Que teria sido trágica se eu não contasse com imensa garra e fé para sobrepujar os obstáculos.

A obra apresenta a sequência dos fatos de forma não linear, conforme convergência dos temas e percepção do tempo psicológico. Nós crescemos idealizando nossas vidas de forma equivocada. Ensinaram-nos que a realização do ser humano resume-se ao sucesso profissional e, consequentemente, financeiro. Na realidade, a vida moldada na visão materialista ensina que a felicidade está centrada no ter, independentemente dos meios utilizados para concretizar esse "ideal". Nesse sentido, cabe avaliar que alguns acontecimentos, aparentemente "terríveis" e "cruéis", podem na verdade representar um

processo de transformação profunda que nos desperta para uma reflexão filosófica, científica e espiritual sobre o verdadeiro sentido da vida.

Nasci em Dourados-MS, em 1977. Sempre tive, em minha infância, uma vida árdua e cheia de dificuldades financeiras. No entanto, não vou detalhar todas as ocorrências pessoais sofridas, pois não é o foco deste livro. Como, porém, tive muitos problemas familiares, cito alguns para entendimento maior sobre minhas angústias psicológicas. Entre as mais traumatizantes, traço um panorama sobre a ausência e o abandono de meu pai. Minha mãe, Marina, e minha avó Tereza sempre foram as guerreiras que lutaram para sustentar nossa família. Elas tiveram de trabalhar como boias-frias durante um bom tempo para suprir nossas maiores necessidades. Somos em cinco irmãos: três mulheres – uma delas irmã de coração – e dois homens – um deles transgênero.

No segundo casamento de minha avó, ganhei um avô de coração, seu Antenor, que se tornou minha referência paterna. Eles são especiais em minha vida, pois sempre se sacrificaram para nos dar educação. Passei toda a infância sofrendo no Dia dos Pais, pois não conseguia assimilar a ideia de todas as minhas amiguinhas terem um pai para abraçar e entregar lembranças de atividades escolares, enquanto eu só podia lamentar a ausência dele. Muitas vezes o culpei por acontecimentos ruins em minha vida, pois imaginava que, se ele estivesse presente, eu teria sido protegida. Sobre esse assunto apenas quero mencionar que, às vezes, penso nos pais que vivem uma relação conturbada com os filhos e entendo que cada um apresenta uma realidade no meio familiar. É muito desolador, contudo, ver pais e filhos que não conseguem ultrapassar as barreiras de convivência e aceitação, pois não há felicidade maior que a de uma família constituída com amor, respeito e perdão, pois todos somos passíveis de erros e precisamos nos aceitar exatamente como somos, no seio familiar. Ainda assim, creio que é muito mais saudável ter um pai presente do que ausente. A música "Pais e filhos" (Legião Urbana, 1989), canção que amo e que mexe profundamente com minha alma, me faz refletir muito sobre essa relação, no trecho:

Você me diz que seus pais não entendem
Mas você não entende seus pais
Você culpa seus pais por tudo, isso é absurdo
São crianças como você
O que você vai ser
Quando você crescer.

Avalio que o conflito acontece pelo choque de gerações, sendo que muitas vezes nossos pais também não tinham maturidade para assumir a responsabilidade paterna ou materna. Por isso, acredito que não tive o reconhecimento paterno por ele não estar preparado para assumir tamanha responsabilidade, abandonando então minha mãe quando eu e meus irmãos éramos pequenos. É claro que a razão pode ter sido outra, mas nunca terei essa certeza. Assim, eu o culpava por tudo em minha existência e acreditava que, se ele estivesse conosco, as coisas seriam diferentes. Mesmo assim, consegui perdoá-lo. Demorou um bom tempo, pois só fiz tal reflexão depois dessa trajetória de sofrimentos. O importante é que parei de sofrer depois dessa atitude empática e libertei meu coração da mágoa.

Agora que sou mãe, percebo que os filhos, quando pequeninos, nos fortalecem, dando-nos toda a alegria do mundo. Isso aconteceu comigo, pois meu filho foi minha salvação para voltar a ter ânimo de viver. No entanto, quando crescem, muitos se revoltam contra tudo e contra todos, mas com a maturidade vão compreendendo a razão de os pais não terem feito tudo o que eles desejavam enquanto filhos. Isso ocorre principalmente na adolescência. Foi o que aconteceu comigo em relação ao abandono paterno.

Em torno dos 13 para 14 anos, comecei a trabalhar como diarista na residência de um casal de médicos. Esse emprego surgiu da necessidade de comprar materiais escolares e também para ajudar nas despesas da casa. Foi uma época muito difícil, mas, apesar das dificuldades financeiras, considero que foi positiva, pois foram anos importantes para a formação do meu caráter. Depois de amadurecida, percebi o quanto o sofrimento e as dificuldades daqueles momentos me fortaleceram, tornando-me melhor enquanto ser humano, tendo em vista que aprendi a me colocar no lugar do outro para entender a tristeza e a angústia humanas.

As situações árduas enfrentadas pela escassez me obrigaram, naqueles anos, a buscar oportunidades e conhecimento por meio dos estudos para que pudesse sair do *status quo* em que me encontrava. A vida é um grande desafio, mas com a idade compreendi que cada ser humano tem um propósito a alcançar. E esse propósito transcende as dificuldades e desigualdades sociais. Passei por provações pessoais muito tristes desde tenra idade. Dessa forma, compartilho com vocês episódios fatídicos que marcaram a minha vida e transformaram o meu modo de entender os acontecimentos.

Continuei os estudos, mas precisava encontrar um emprego que ofertasse melhor salário para ajudar mais com as despesas mensais da família, pois a situação se tornava cada vez mais árdua. Depois que parei de trabalhar como diarista, fui babá temporariamente, e, na sequência, em 1997, consegui outro emprego como secretária numa clínica de fisioterapia pelo qual eu recebia um salário mínimo. Nossa, fiquei imensamente feliz! Era o meu primeiro emprego de carteira assinada. Eu também realizava a limpeza dessa clínica nos fins de semana. Depois de quase quatro anos, saí porque queria novos desafios para minha vida, senti que precisava fazer algo mais. Resolvi, então, trabalhar como vendedora numa loja de confecções, mas não obtive sucesso, pois não tinha talento para tal. Vivia frustrada e infeliz. Aguentei apenas seis meses. Mais adiante, fiz alguns bicos em outros empregos que também não deram certo, e em alguns até sofri assédio sexual. Nessa época, por não saber como lidar com isso e também por sentir medo, preferi abandonar o emprego sem denunciar. Nunca esqueço que, nesses tempos, a música que mais marcava minhas angústias e desilusões era "Azul da cor do mar" (Tim Maia, 1970). Eu vivia chorando e cantando o trecho:

Ah! Se o mundo inteiro me pudesse ouvir
Tenho muito pra contar, dizer que aprendi
E na vida a gente tem que entender
Que um nasce pra sofrer enquanto o outro ri
Mas quem sofre sempre tem que procurar
Pelo menos vir achar razão para viver
Ver na vida algum motivo pra sonhar
Ter um sonho todo azul
Azul da cor do mar.

Essa canção sempre me fez pensar sobre o motivo de estarmos nesta vida. Eu vivia me perguntando por que alguns tinham tudo e outros não tinham nada. Na minha concepção, a sociedade era muito injusta, pois, com tal desigualdade, não dava para conceber a razão de uns sofrerem tanto enquanto outros pareciam tão felizes, pois aparentemente tinham tudo. Com essas indagações, eu me classificava no bloco das pessoas que haviam nascido para sofrer. Assim, sempre buscava algum motivo para sonhar. E, hoje, acredito que o meu maior sonho, naquela época, era apenas ser feliz e ter as mesmas oportunidades dos jovens da minha idade! Por causa dessa música eu sentia uma vontade enorme de conhecer o mar e ver essa cor azul que o Tim cantava de forma tão poética, desejo que realizei somente depois dos 30 anos de idade.

Em 2001, entrei no Projeto Saber, ação social realizado pela Fundação de Cultura do Estado de Mato Grosso do Sul, no qual foram ofertados vários cursos, como Expressão Corporal para Atores, Street Dance, Montagem de Espetáculo Teatral, entre outros. Participei desses cursos e fiquei fascinada ao perceber a transformação que essas atividades provocaram na minha visão de mundo. Comecei a enxergar a vida por meio da arte, tornando-me uma pessoa mais crítica e politizada, preocupando-me mais com os acontecimentos sociais. Antes de participar desse projeto, eu já estava inserida em um curso de teatro infantojuvenil realizado de março a novembro de 1997 pelo Centro Cultural Guaraoby, em Dourados-MS. Essa atividade tinha o apoio da prefeitura. Foi nessa época que me apaixonei pelas artes cênicas. A maioria dos jovens nesse curso também participou do Projeto Saber. A ministrante do curso no Centro Cultural Guaraoby, professora Gicelma Chacarosqui Torchi, além de admirável, é uma das mulheres que mais me inspirou a crescer profissionalmente. Sinto muito carinho e admiração por ela, que atualmente é professora de Artes Cênicas da Universidade Federal da Grande Dourados – UFGD. Não tenho palavras para expressar o que ela representa em minha vida, tanto na formação artística quanto na pessoal e na profissional.

O Centro Cultural Guaraoby criou a Companhia de Teatro Camaleão com os jovens participantes do curso. Nesse grupo me conectei com algumas pessoas ímpares, com as quais tenho amizade até hoje. Esses profissionais, mulheres e homens de fibra e garra, pelos quais tenho imenso amor, cumprem um grande papel na sociedade. Fizemos vários trabalhos infantojuvenis, participamos de festivais e juntos crescemos intelectual, profissional e artisticamente.

Quando estava com o grupo de teatro, sentia-me realizada e com ótimas perspectivas de um futuro melhor, pois a arte tem esse poder de nos fazer sonhar e ver a vida com beleza. No decorrer do tempo e com o aprendizado adquirido no grupo, me envolvi com um  trabalho voluntário em que ministrava oficina de teatro para crianças carentes num bairro da periferia de Dourados-MS. Quem me indicou para desenvolver essa atividade foi a Gicelma, que, como sempre, me incentivava e confiava no meu potencial. Foi uma ação bastante gratificante para mim, pois me mostrou a realidade das crianças carentes de periferia. Eu, que sempre achei que havia vivido uma infância difícil, observei que aquelas crianças sofriam ainda mais com a extrema pobreza e exclusão social.

Lembro-me de que a oficina era ministrada em um salão paroquial, e o responsável pelo imóvel não deixava as crianças à vontade, pois elas não podiam tocar em nada. Impressionou-me sentir aquela repulsa pelo modo como o responsável tratava aquelas crianças que já sofriam tanto. No mais, a alegria na expressão delas era o que me fortalecia para continuar a ministrar a oficina de teatro. Essa ação voluntária abriu outras portas para mim. Depois de um tempo, consegui emprego temporário na prefeitura de Dourados e, a partir desse trabalho, comecei a crescer profissionalmente. Antes de detalhar essa fase, comentarei sobre fatos marcantes, tanto bons quanto ruins, entre os quais está a participação em grandes shows com bandas de renome nacional e a atuação como figurante em uma série da Rede Globo. Registro que foi depois do curso de teatro que a arte começou a transformar a minha vida.

Dando início a essa trajetória, destaco que fui indicada pela minha diretora de teatro, Gicelma, a trabalhar na produção do projeto cultural "Temporadas Populares", realizado em todo o estado de Mato Grosso do Sul. Nesse projeto, fui contratada para auxiliar na equipe de produção, a fim de resolver, junto a outros colegas, as demandas que envolviam os artistas participantes e auxiliar nos shows; assim, precisava recepcionar, levar para hotel, providenciar exigências, levar para passagem de som e acompanhar os artistas nos shows. Foi um trabalho

intenso, porém emocionante, na produção. Conheci grandes cantores e bandas como Barão Vermelho, Kid Abelha, Charlie Brown Jr., Alceu Valença, Almir Sater, Chico César, a saudosa Cássia Eller, Morais Moreira, Flávio Venturini, O Rappa, Ira!, Pato Fu, Engenheiros do Hawaii, entre vários outros.

Outro fato muito interessante que vivenciei, como atriz, foi quando fui selecionada para participar da Oficina Brasileira de Atores na cidade do Rio de Janeiro, em 2004. Na verdade, eu já estava desistindo de ser atriz, pois não tinha mais tempo para me dedicar ao teatro, por causa da necessidade de trabalhar para contribuir no sustento da casa e para me dedicar aos estudos.

No entanto, chegou em minha cidade uma agência de modelos e atores que estava selecionando talentos para levar ao Rio a fim de participar de um curso específico para quem sonhava em ser modelo, ator ou atriz. Como sempre amei ser atriz e, mesmo que remotamente, ainda tinha sonhos em tentar seguir a carreira, resolvi fazer o teste. Resultado: passei. Uma nova chama se acendeu diante dessa possibilidade. Depois soube que teria de pagar uma quantia meio pesada para o meu bolso, pois ficaria quase dez dias no Rio de Janeiro em um hotel no Bairro do Recreio. Desanimei de novo, mas havia comentado com algumas amigas e elas, junto a outros colegas, decidiram fazer uma vaquinha e conseguiram juntar o dinheiro de que eu precisava para viajar. Fiquei muito feliz com a atitude desses amigos.

Adiantei minhas férias e fui. O curso foi muito interessante e esclarecedor sobre a carreira. Tivemos aulas e orientações com diretores de teatro, moda, etiqueta e televisão. Ouvimos palestras de artistas que deram muitas dicas sobre o trabalho na televisão, foi uma experiência muito esclarecedora. Ao final do curso, tivemos de passar por duas etapas. Na primeira, eles selecionaram pessoas para participar como figurantes de programas e novelas da Rede Globo, e, na segunda, aprovaram talentos que poderiam ficar na agência para investir na carreira.

Resultado: fui selecionada na primeira etapa para participar como figurante no programa de humor *A Grande Família*. A despeito das manipulações direcionadas a interesses próprios praticadas pelas redes televisivas no Brasil, prática que desaprovo, fiquei fascinada quando conheci o Projac – abreviatura de Projeto Jacarepaguá, centro de produção da TV. Quem poderia imaginar que a filha de uma empregada doméstica, boia-fria e trabalhadora da área de serviços gerais teria a oportunidade de gravar

junto a atores e atrizes de uma grande rede de televisão? Era algo impensável para a minha origem. Embora fosse só figuração, mesmo assim foi incrível. Um momento único e especial.

Imaginem a minha felicidade, parecia um sonho. Contudo, nem todos foram selecionados para as figurações, pois precisavam ter o perfil que o programa exigia para participar. Selecionaram outros para participação em novelas e minisséries. Chegamos cedo ao Projac e fizemos um tour pelas cidades cenográficas. Não era permitido entrar com máquina fotográfica. Caminhando pelos estúdios, deparamos com vários atores e atrizes, mas a orientação era nunca nos aproximarmos para conversar com eles, exceto quando se dirigissem a nós.

Gravamos o episódio chamado "A Festa". Nessa gravação, foi interessante perceber o distanciamento dos atores em relação aos figurantes, apesar de alguns deles conversarem conosco e nos tratarem com simpatia. Observei que o figurante é uma peça de adorno em meio aos atores, mas, enfim, é um trabalho de apoio. O que vale é a experiência vivida. Digo-lhes que valeu pelo aprendizado adquirido nessa área e por conhecer um pouco o cotidiano dos atores globais e a realidade da carreira. Se por um lado essa participação foi marcante, por outro também fiquei frustrada, pois sabia que não teria condições financeiras para permanecer na cidade do Rio de Janeiro.

Fiquei triste, pois, apesar de ter sido aprovada para a figuração, não passei no teste da segunda etapa, que era a principal, a de ser escolhida pela agência para tentar seguir carreira. Acredito que o ego tenha falado mais alto, pois fiz o teste considerando-me mais preparada que a colega que encenou comigo. Estava certa e confiante de que seria selecionada devido à experiência adquirida na adolescência, mas não sabia como interpretar na frente de uma câmera de televisão. Não fui humilde no momento do teste e o resultado foi negativo. Senti uma dor tão profunda e não acreditava que havia reprovado, mas tive de aprender a lidar com essa frustração.

A minha experiência com figuração também se estendeu ao cinema. Tive a grata satisfação de participar como figurante no filme *Carmo* (2008), dirigido pelo cineasta Murilo Pasta e que tinha no elenco Fele Martínez, Mariana Loureiro, Seu Jorge, Márcio Garcia, Rosi Campos, Thaís Fersoza, Nanda Costa, entre outros. Cabe ressaltar que participei dessa figuração quando já estava morando em Corumbá-MS, muito tempo depois da gravação na Rede Globo. Mais adiante, contarei a vocês por que fui morar nessa cidade, considerada o coração do Pantanal Sul-mato-grossense. (Ressalto que essa narrativa não está seguindo os acontecimentos cronologicamente, mas por temas afins.) Quando me mudei, eu já havia terminado a faculdade e não me dedicava mais ao teatro, a não ser por meio de projetos educacionais em sala de aula. No entanto, quando soube que a cidade também faria parte do cenário para esse filme, fiquei empolgadíssima e fui fazer o teste. Essa foi uma experiência bastante interessante também, e eu, que já adorava, me apaixonei ainda mais pelo cinema.

Essas vivências foram importantes para eu rever a minha postura diante dos desafios. No dia em que reprovei no teste para ficar no Rio, travei uma luta contra meu próprio ego e perdi, pois não renunciei à soberba, mas aprendi uma grande lição: humildade em qualquer circunstância. No entanto, aconteceu algo inusitado: conheci alguns figurantes fixos da Rede Globo e eles me convidaram para fazer parte de seu grupo, no intuito de conseguirmos mais figurações e investirmos em nossas carreiras. Eu até havia conseguido figuração no filme católico *Irmãos de fé* (2004), com Padre Marcelo Rossi, mas não participei, pois precisava retornar.

Essa situação me fez entrar num dilema: deveria trocar o certo pelo duvidoso? Seria coerente eu abandonar a faculdade de Letras, que era minha única possibilidade de ascensão profissional, para tentar realizar um sonho quase impossível para mim, que era a carreira de atriz? Eu colaborava para pagar as despesas de casa e minha família não tinha condições de me manter no Rio de Janeiro. Percebi naquele instante que não era o meu momento, pois a minha condição financeira não era favorável. Com isso, acreditei que o destino me fez conhecer de perto o ambiente artístico para que eu entendesse que aquele mundo não era para mim, mesmo com toda a paixão que tinha e tenho por essa arte. Acredito que foi uma decisão racional, eu simplesmente desisti do sonho.

    Quando voltei a Dourados, retomei a árdua realidade em que vivia. Porém, consciente de ter feito a melhor escolha que poderia para a época, pois eu não tinha como arriscar o meu futuro, que se encaminhava por eu estar na faculdade. Hoje entendo que, apesar de ter parecido um sonho impossível, não devemos desistir dos nossos sonhos, temos de encarar o medo do incerto para conquistarmos os nossos objetivos. A minha mente consciente me fez acreditar que eu não era capaz de conseguir um espaço nessa carreira e, assim, fechei a porta da oportunidade iminente que tive nessa experiência.

    Após o choque de realidade, retomei a vida voltando ao trabalho na prefeitura. Depois de algum tempo, fui trabalhar como cerimonialista na agência de comunicação municipal. O salário melhorou em relação ao provento anterior. Tive um importante crescimento profissional, pois fiz vários cursos na área de cerimonial público

 e protocolo. Dessa forma, aprendi a planejar, organizar e executar eventos, além de adquirir conhecimentos valiosos sobre etiqueta profissional, marketing pessoal, oratória, entre outros. Notei excelente resultado no meu aprimoramento profissional.

Depois que aprendi a lidar com protocolo no órgão público, comecei a trabalhar em cerimônias nas quais estavam presentes desde prefeitos e governadores a ministros e presidente da República. Com a experiência, tornei-me mestre de cerimônias de alguns eventos da prefeitura. Entre os eventos de que participei, um particularmente me emocionou muito: quando acompanhei, em 2005, a saudosa médica-sanitarista Zilda Arns, fundadora da Pastoral da Criança, que foi um exemplo de amor ao próximo, solidariedade e humanidade.  Ela emanava uma energia poderosa de paz e luz. Eu senti toda essa energia e a admirei ainda mais depois de conhecê-la pessoalmente.

Ao mesmo tempo que trabalhava na prefeitura, cursava a faculdade de Letras/Espanhol na Universidade Estadual de Mato Grosso do Sul – UEMS. Confesso que desanimei muitas vezes, pois era muito cansativo conciliar trabalho e estudos. Acredito que essa seja a realidade da maioria das pessoas. Nesse aspecto, o meu conselho é que se tenha muita determinação e, principalmente, que se recorra ao poder da mente. (Sobre os conceitos da mente humana comentarei mais adiante, pois os conheci recentemente.) Por meio dela, podemos nos tornar o que desejamos. Digo isso pois, quando criança, acredito que entre meus 8 e 10 anos, sempre ouvia de uma parente que eu nunca seria ninguém, que não conseguiria terminar meus estudos, que engravidaria cedo e que arrumaria um marido violento. Imaginem a minha dor quando ouvia tais palavras. Nesses momentos, eu saía correndo, entrava debaixo da cama aos prantos e, em meus pensamentos, dizia:

"A senhora pode desejar todo esse mal para mim, mas um dia eu vou provar que, em minha vida, nada disso acontecerá. A senhora verá que serei o contrário de tudo que está me desejando. Estudarei, me formarei, terei um ótimo emprego".

Eu ficava um bom tempo chorando embaixo da cama e depois voltava a ser criança. Esse ato deixou-me profundamente magoada, porém determinei em minha mente que isso não aconteceria comigo. Analisando friamente, foi um fio condutor para eu conquistar os meus objetivos de vida. Apesar de ser uma atitude negativa, deu-me forças para não passar por tudo aquilo. Confesso que por muitos anos carreguei essa mágoa. Esse sentimento me fez muito mal, pois corroía o meu âmago. Agora, com o amadurecimento, perdoei verdadeiramente essa pessoa e tirei um peso terrível do meu coração. Com essa atitude, voltei a ter um grande carinho e respeito por ela, que sempre esteve presente no meu seio familiar, aliás, é parte integrante de minha família. Pensem no quanto é destrutivo viver alimentando um ressentimento de alguém com quem você convive diariamente. Por essa razão, é importante colocar-se no lugar do outro e tentar entender o que motivou determinada conduta. Consegui passar esse acontecimento a limpo em meu passado e isso me transformou em uma pessoa mais serena.

Dando continuidade à minha trajetória, no tocante aos estudos, tranquei a matrícula por um ano, pois estava muito pesado conciliar faculdade e trabalho, mas com o tempo pensei em quais seriam as perspectivas de me estabelecer no mercado profissional sem dar continuidade aos estudos. Como nascera sem as condições necessárias, e também não poderia me estruturar materialmente com a ajuda dos pais, eu precisava criar as próprias oportunidades. Então resolvi, com muita garra e determinação, voltar a estudar. Internalizei na mente que queria ser *alguém na vida*. Principalmente para provar que eu me tornaria o oposto do que haviam me desejado na infância, que era capaz de vencer numa sociedade desigual e ajudar minha família. Abro um parêntese para refletir sobre a expressão "ser alguém na vida", pois considero um discurso estereotipado que nos dá a exata dimensão da tortura psicológica que sofremos desde a infância. É uma cobrança que impõe o nosso enquadramento nas exigências preestabelecidas pela sociedade, ou seja, você deve ter um excelente emprego, status, ser bonito, rico, magro e perfeito em todos os sentidos, caso contrário é marginalizado pela sociedade. Geralmente atrelamos essa expressão às conquistas materiais, pois nos proporcionam uma boa colocação social. No entanto, convido vocês a pensar comigo: será que estamos no caminho da felicidade com esse parâmetro tão reducionista sobre *ser alguém*? Esse pensamento vigente traz martírio a todos que estão começando a vida adulta, pois representa uma cobrança emocional muito pesada, centrada apenas no *ter* para a conquista do sucesso, negligenciando o *ser*. Fato que comprovadamente não é verídico, pois vemos muitos casos de pessoas ricas e/ou famosas que não são felizes.

Quando terminei a faculdade, comecei a querer trabalhar em minha área de formação. A chance de iniciar na carreira surgiu quando decidi seguir meu caminho junto ao grande amor da minha vida e companheiro de jornada, por quem estava completamente apaixonada. Essa foi a razão de eu me mudar para a cidade de Corumbá, em 2007, além de poder começar a trabalhar em minha área. Conheci o Mérces em março de 2002 e em outubro do mesmo ano começamos a namorar; eu estava com 24 anos, e desde então nos tornamos um casal inseparável. Ele sempre me deu muita força para encarar os problemas de frente, aconselhando-me a nunca parar de estudar, pois nós dois somos de origem muito humilde e essa era a única forma de vencer na vida. De quebra, quando comecei a namorar o Mérces, ganhei um enteado que estava com 5 para 6 anos de idade. Depois que decidi mudar de cidade com ele, as provas da vida ficaram mais claras e complexas. No início, foi difícil lidar com meu enteado, pois ele não me aceitava como figura materna – aliás, meu erro foi ter tentado me aproximar dele com esse desejo, pois tivemos muitos conflitos. Atualmente entendo as razões dele e também vejo que não tive maturidade suficiente para lidar com essa situação; imaginem como é difícil agir como mãe sem nunca ter sido. Hoje agradeço a Deus porque aprendi muito com essa relação; conseguimos nos entender, me considero sua mãe de coração e o amo como filho. Cabe salientar que ele já tem a mãe que o ama muito também. A nossa convivência com o passar dos anos ficou fraterna e harmoniosa.

Chegando a Corumbá, resolvi, após alguns meses, participar de um processo seletivo para professor substituto de Letras no campus Pantanal da Universidade Federal de Mato Grosso do Sul. Fui aprovada. Eu mal acreditei no meu potencial. Chorei de felicidade. Ali trabalhei pouco mais de um ano e fiquei mais dois para cursar o mestrado em Estudos Fronteiriços, um curso *stricto sensu* multidisciplinar. Minha dissertação tratou sobre línguas  e preconceitos na fronteira Brasil/Bolívia, em que aprofundei os valores e discriminações presentes na interação diária de habitantes fronteiriços e de que forma esse resultado poderia suscitar ações de políticas linguísticas locais que fomentassem a integração. Sem dúvida, uma grande experiência acadêmica.

Nesse período, passei por muitos momentos positivos e outros nem tanto – todos, porém, de grande aprendizado para o meu aprimoramento profissional. Nessa época comecei a lidar de forma mais intensa com a vaidade intelectual, que, acredito, muitas vezes nos cega no meio acadêmico, sem percebermos. A dedicação à docência na universidade era tamanha que comecei a esquecer que precisava pensar na saúde, nas vidas pessoal e familiar, e os amigos se tornaram mais restritos ao local de trabalho. Na instituição, conheci a Suzana Mancilla, uma amiga muito querida, professora de espanhol dedicada, comprometida, competente e incrivelmente simples, qualidades que me fazem admirá-la muito. Sou grata ao Universo por conhecê-la. Com ela aprendi o que é ser uma grande professora. Apesar de amigas, colegas e alunos maravilhosos que conheci na universidade, das viagens de estudos, das atividades de pesquisa e extensão produtivas, eu infelizmente passei por muitos momentos de tristeza e decepção. Hoje acredito que o mais importante foram as grandes oportunidades de aprendizado com todas essas experiências, tanto positivas quanto negativas.

Destarte, sobre como os acontecimentos positivos e negativos interferem em nossas vidas, Bob Proctor, no livro *O segredo*, diz que nós lidamos com um poder infinito e somos guiados por esse poder diretamente ligado às leis do Universo, mais precisamente à Lei da Atração. Ele afirma que atraímos o que pensamos, portanto, os nossos pensamentos predominantes devem ser positivos se quisermos atrair coisas boas. Caso foquemos em pensamentos negativos, multiplicaremos os acontecimentos ruins na vida. Mesmo com todas as problemáticas que foram aparecendo, profissionalmente foi um período muito positivo para mim, apesar de não ter logrado êxito em alguns concursos.

Em 2010, trabalhei como professora convocada de espanhol numa escola urbana que contava com uma extensão rural em Corumbá. Era uma aventura, pois quem dava aula no período noturno, na extensão rural, tinha de sair da cidade por volta das 16 horas para retornar à meia-noite. Lembro-me de que às vezes o ônibus quebrava ou atolava em período de chuva e eu só chegava em casa às 4 horas da manhã. Apesar dos percalços, os estudantes da escola rural me ensinaram muito, proporcionando-me uma experiência nota dez. O diretor e a coordenadora da época eram inovadores e apoiavam os professores na promoção de uma educação de qualidade.

Tudo sempre foi intenso em minha vida. Convém citar que todas as competências anteriores adquiridas em sala de aula como educadora, bem como aquelas obtidas como cerimonialista, melhoraram minha desenvoltura comunicativa, aliadas ao curso de teatro, que equilibrou a minha timidez. Consegui passar no concurso de professor do Instituto Federal de Educação Profissional e Tecnológica de Mato Grosso do Sul – IFMS. Posso dizer que foi uma felicidade incrível! Senti que havia conquistado meu lugar ao sol. Extasiada, confiei que estaria realizada a partir dessa vitória, pois sempre acreditara que o sucesso profissional seria a grande felicidade de minha vida.

Principalmente por todos os percalços que tive de enfrentar desde a infância.

Ledo engano.

Os primeiros dois anos foram só felicidade, apesar do trabalho árduo. A dedicação também era total. Eu continuava a focar apenas o trabalho e me esquecia das demais ações que também são importantíssimas para vivermos de forma equilibrada. Fui uma servidora dedicada, apaixonada pela profissão e trabalhei com compromisso e responsabilidade. Consoante a esse aspecto, hoje vejo, com clareza, o que na época não via, o fato de que eu sempre queria ser a melhor no que fazia e me torturava emocionalmente quando não conseguia. Acredito que seja uma influência do mundo competitivo em que vivemos. Isso foi me adoecendo aos poucos. Nesse aspecto, gosto de refletir sobre os ensinamentos do psicólogo e palestrante Rossandro Klinjey, o qual nos diz que, embora tenhamos muitas limitações, não devemos buscar ser melhores somente para superá-las; em vez disso, devemos usá-las como ponto de partida para as mudanças que queremos em nós, ou seja, a vitória relaciona-se mais com o que sentimos do que com o que conquistamos. Em *Eu escolho ser feliz*, o autor assevera que a vida é cheia de altos e baixos e, quando passamos por dias ruins, nossa autoestima fica totalmente abalada (KLINJEY, 2018, p. 16). Creio que esse conceito aborda uma análise emocional complexa, porém imprescindível, para desenvolvermos o nosso crescimento pessoal e profissional sem perdermos a nossa essência.

Recordo-me, ao longo do caminho, que a vida havia começado a me dar alertas e eu não fazia essas leituras, sendo que já eram sinais de que eu precisava me reequilibrar. Em 2012, comecei a ter problemas intensos com refluxo gastroesofágico e depois descobri que tinha uma hérnia de hiato, doença em que uma parte do estômago se projeta para o tórax por uma abertura no diafragma provocada pela frouxidão da musculatura deste. Apesar de não haver clareza sobre o que verdadeiramente desencadeia essa doença, os cientistas dizem que pode ser causada por um tecido enfraquecido. Fiz vários tratamentos, mas sem sucesso, por isso tive de passar por uma cirurgia por videolaparoscopia. Essa cirurgia é feita por meio de pequenas incisões na região abdominal para corrigir a hérnia e fazer uma nova válvula com tecidos do próprio organismo para eliminar o refluxo. O resultado foi ótimo, pois nunca mais tive refluxo. O período de recuperação foi extremamente delicado, pois eu só ingeria alimentos líquidos e, ainda assim, com muita dificuldade. Quando comecei a me alimentar normalmente, passei mal algumas vezes, pois sentia-me sufocada. Tinha de caminhar pelos corredores de casa para melhorar. Emagreci exageradamente nessa fase. Com o tempo me recuperei bem. A situação vivida nesse período me mostrou, hoje, que eu já deveria ter mudado a forma de conduzir a minha vida pessoal e profissional.

Passados dois anos, precisei mudar para a capital do estado, Campo Grande, quando comecei a trabalhar; devido aos meus conhecimentos na área de comunicação, cerimonial e protocolo, também fui designada a colaborar na reitoria. Passado algum tempo, incumbiram-me de executar ações do gabinete. O trabalho era extremamente corrido, e a dedicação, intensificada por causa das exigências no setor. No entanto, eu ainda me sentia feliz, parecia que tudo seria maravilhoso, pois a chefia confiava em meu trabalho e me considerava competente. Nesses momentos de ascensão e notoriedade profissional, surgem as fraquezas humanas. O ego em forma de vaidade intelectual sobressaiu novamente, interferindo de forma negativa em minhas ações profissionais. Apesar de não ter deixado o falso poder subir à cabeça, eu tinha dificuldade de reconhecer que estava me deixando influenciar por esse sentimento e não conseguia mais ver meus defeitos profissionais.

Entre as funções que ocupei, cabe citar que fui assessora de Relações Internacionais e coordenadora de Programas, Projetos de Extensão e Eventos. Todos esses períodos de responsabilidade dobrada devido às funções ora ocupadas com o cargo de docente foram extremamente positivos, porém com grande desgaste emocional. É importante salientar que sou muito grata por todas as oportunidades que tive no Instituto Federal de Mato Grosso do Sul, pois transformei minha vida pessoal e cresci ainda mais profissionalmente. Conheci colegas e amigos que são especiais e, independentemente de serem gestores, educadores ou administradores, todos são servidores de um propósito nobre: levar ensino de qualidade à população. Faço tal comentário pois, infelizmente, às vezes se percebe dissonância entre as classes. Além disso, cabe mencionar também que, na instituição, foi-me concedido o Reconhecimento de Saberes e Competência nível RSC-III + Mestrado, equivalente à retribuição por titulação de Doutorado. Esse reconhecimento é um direito previsto para a carreira do magistério federal de ensino básico, técnico e tecnológico, com base no art. 18 da Lei n. 12.772/2012, que permite a percepção sem o referido título. A concessão desse reconhecimento é feita por meio de análise de habilidades desenvolvidas a partir de experiências individuais e profissionais, bem como de atividades importantes realizadas no campo acadêmico.

    Apesar de tantos acontecimentos bons, eu não entendia por que não estava reverberando felicidade, pois havia conquistado tudo com que eu sonhara profissionalmente quando optara por essa carreira. Mesmo com tantas conquistas, comecei a entrar em crise existencial. No entanto, um acontecimento lindo desviou meu foco para algo maravilhoso. Nessa época, com 36 anos, descobri que estava grávida do Rubens Eduardo. Parecia providencial, pois essa fase foi importante para eu começar a rever minha vida. De uma forma geral, a gravidez foi tranquila, mas, a partir do sétimo mês, comecei a ter problemas, pois meu bebê queria nascer prematuramente. A correria no trabalho me deixava muito estressada, não tinha paz e vivia angustiada; sou culpada nesse processo, pois não conseguia equalizar meu tempo. Os encargos ficaram cada vez mais pesados e creio que isso refletiu na minha gestação. No oitavo mês, tive contrações mais constantes e, com o risco de o bebê nascer antes da hora, minha obstetra me afastou de vez do trabalho para conseguir segurá-lo por mais tempo. Dessa forma, tive que tomar medicação e manter repouso absoluto. Entrei em licença-maternidade justamente num período de ótima ascensão profissional.

Meu filho nasceu no dia 30 de maio de 2014. Foi uma das maiores emoções que já senti na vida. No meu caso, posso dizer que é o maior amor do mundo. Gerar um ser tão pequenino e dependente dos meus cuidados me elevou espiritualmente e me conectou novamente com a minha essência. Indiscutivelmente, ele trouxe muita luz e alegria para o meu lar. Cada dia era um aprendizado diferente. Mesmo com toda a felicidade que ele nos trouxe, não posso negar que não existe o romantismo que vemos em torno da maternidade e da criação de um filho. Passei por muitas dores na amamentação, vivia exalando odor do leite materno, a recuperação da cesariana foi demorada, sofria muitos desconfortos, sem mencionar a cicatriz que fica por muitos meses amedrontando a parte estética. Eu me esqueci por um tempo de que era mulher, esposa, professora e me entreguei totalmente ao papel de mãe. Apesar desses momentos de adaptação, foi um período muito lindo e intenso. No início, não conseguia equilibrar os papéis. Quando consegui superar essa fase, voltei a trabalhar.

Contudo, ao retornar, observei que algo havia mudado em mim; não conseguia mais ter a mesma atenção nos afazeres profissionais. Vivia preocupada em como estavam cuidando do meu pequenino. Parecia que somente eu poderia fazer isso. Com o tempo, esse medo passou e retomei com afinco minhas atividades novamente. Nessa correria, observei que, conforme meu filho ia crescendo, ficava cada vez mais conectado à babá. Lembro-me de que um dia, depois que começou a balbuciar algumas palavras, ele a chamou de mãe. Isso me doeu profundamente e entendi que, quando ficamos totalmente focados no trabalho, sem dividir bem o tempo despendido aos filhos, perdemos uma fase muito importante de crescimento deles. Mas, enfim, eu precisava trabalhar, e então fiquei procurando formas de lidar com essa situação.

A presença do Rubens em minha vida mostrou-me que eu não poderia mais ser uma *workaholic*, ou seja, viciada em trabalho, pois, antes da chegada dele, o trabalho sempre esteve em primeiro lugar. Destarte, comecei a observar que algo estava errado comigo. E adoeci. Percebi que fui responsável por entrar nesse processo de adoecimento, por não conseguir equilibrar todos os setores da minha vida, pois, como já mencionei, priorizava sempre o trabalho. Não quero dizer que ele não é importante, mas que devemos equalizar o tempo que despendemos a ele para vivermos melhor. Entendi que não somos vítimas das situações que nos ocorrem, pois há uma razão para os acontecimentos, que geralmente estão atreladas às nossas escolhas, levando-nos ao sofrimento.

Nesse aspecto, vale ressaltar que tal sentença nada tem a ver com a "teoria do fatalismo divino". Estamos na escola da vida para evoluir, nos tornar melhores e aprender a conviver amando-nos e perdoando-nos sempre! Por essa razão, hoje sou melhor que ontem e agora me sinto mais feliz, pois encontrei a paz de espírito que há muito não sentia. Quero que essa história de sofrimento e caminho de superação também sirva a vocês como exemplo para repensarem a vida. Não esqueçam que conquistas materiais, sucesso profissional e títulos acadêmicos não são o todo para a fonte da verdadeira felicidade. Assim, compartilho com vocês acontecimentos que marcaram o meu viver e transformaram para sempre o meu modo de entender.

Em 2015, com 37 anos, eu já havia observado que estava com algum problema sério de saúde, foi então que descobri um nódulo maligno no pescoço. Comecei a desconfiar depois de apresentar disfagia frequente e perda repentina de voz em sala de aula. Com o tempo, senti esse nódulo e também notei inchaço na região do pescoço. Constantemente, sofria com dor de garganta e rouquidão. Sentia tosses como se tivesse algo preso na garganta e dificuldades respiratórias. Fiz uma biópsia e o resultado do laudo foi: carcinoma papilífero variante folicular – câncer de tireoide, para os leigos.

Naquele momento, perdi o chão e comecei a chorar incontrolavelmente. Imaginei que era a minha sentença de morte. Aprendi que esse é o pensamento que devemos evitar quando recebemos tal diagnóstico, pois o que nos mata mais rápido é a mente. Depois de receber a notícia de que estava com câncer, procurei mais informações sobre esse tumor e descobri que, quando tratado precocemente, tem cura na maioria dos casos. A glândula tireoide é fundamental em nosso organismo devido à produção de hormônios que regulam o nosso metabolismo, encarregando-se de como o nosso corpo usa e armazena toda a nossa energia. Conforme esclarecido pelo meu médico, não há uma causa conhecida para o desenvolvimento do tumor, porém existem fatores predisponentes como tratamentos com radiação, histórico familiar e idade superior a 40 anos. É curioso avaliar que eu não me encaixava nesses fatores. Aprendi com essa doença que precisamos perseverar sempre, ter fé de que vamos superar e não podemos entrar em desespero. Sabemos que cada pessoa recebe a notícia de forma diferente, uns se revoltam, outros ficam deprimidos e há aqueles que aceitam e enfrentam com resiliência. O importante, porém, é não nos entregarmos psicologicamente, por isso a terapia é fundamental. No meu caso, passei por todos esses processos para vencer essa doença tão temerosa, além de ter tido a chance de descobrir no início.

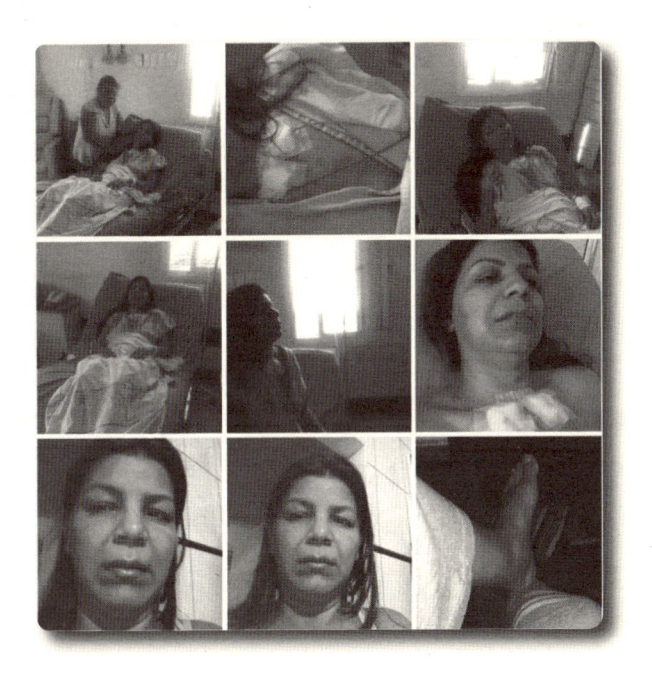

Após momentos de revolta por não conseguir entender por que fui acometida pela doença, decidi parar de me vitimizar e comecei a me fortalecer emocionalmente para enfrentar a batalha contra o câncer. Resolvi fazer um tratamento espiritual, indicado por amigos, e notei alívio em meu sofrimento, pois passei a encarar aquele momento com muito otimismo e serenidade. Outra atitude que me fortaleceu muito foi a tranquilidade do meu cirurgião de cabeça e pescoço, pois ele sempre procurou me manter calma e convicta de que venceríamos a doença. Sendo assim, fiz a primeira cirurgia de tireoidectomia parcial em outubro de 2015, e enfrentei novamente uma segunda cirurgia para a tireoidectomia total em janeiro de 2016. Tudo ocorreu sem intercorrências. A recuperação foi dolorida, porém satisfatória. O acompanhamento médico inicialmente foi semanal, depois mensal, trimestral e recentemente passou a ser semestral. O médico me explicou que é necessário o acompanhamento por cinco anos, pois, nesse período, sempre há risco de recidiva (reaparecimento) da doença. Estou grata, pois já ultrapassei três anos e até o momento os exames estão livres de recidiva. O único problema é que não consigo equilibrar o cálcio no organismo, e sempre tenho a necessidade de fazer reposição. Após as cirurgias, iniciei a hormonioterapia, tratamento que farei a vida toda. No mais, o importante é que superei e estou viva para compartilhar essa história com vocês.

Nessa época, eu já estava fazendo acompanhamento especializado para tratar depressão grave, síndrome do pânico, entre outros transtornos psiquiátricos que me levaram ao fundo do poço. Ressalto que essas doenças já estavam instaladas em meu ser antes do câncer, eu apenas não havia dado total vazão a elas. Para ser mais exata, a depressão eclodiu em junho de 2015, e eu soube do câncer em setembro do mesmo ano. Não conseguia mais sentir alegria em viver, não queria sair de casa, não queria nem tomar banho, pois nada fazia sentido para mim. A atenção com os cuidados de higiene pessoal simplesmente havia sumido, eu só dormia e tomava Rivotril, Clonazepan, Alprazolan, entre outros medicamentos psiquiátricos. Vivi esse processo de deterioração interior e exterior por mais de dois anos. A depressão foi tão grave que fui internada por dez dias num hospital psiquiátrico, pois cheguei a ponto de pensar em suicídio. Numa noite em que estava sozinha com meu amado filho em casa, fomos dormir, e eu não parava de chorar, um sentimento de tristeza profunda me abateu e uma voz em minha mente ecoava: "Tome todos os seus medicamentos para ir embora deste mundo cruel. Aqui não é para você. Ninguém se importa com você". Então eu me levantei, peguei meus frascos de comprimido, que eram vários, e decidi que iria ingeri-los; de repente, porém, tive a impressão de que alguém virou meu rosto para o lado do meu filho e me disse: "Olhe para o seu filho, você terá coragem de abandoná-lo? Pense nele antes de cometer tal barbárie. Pense no sofrimento que causará a essa pequena criança que depende de você. Reflita com calma, pois esse ato marcará para sempre a vida dessa criança e de toda a sua família". Após ouvir o meu subconsciente, olhei para o meu filho e um sentimento de amor profundo tomou conta de minha alma, então eu o abracei e chorei inconsolavelmente. Pedi perdão pelo que estava prestes a fazer. Naquele momento, decidi que nunca mais pensaria em tal desatino!

Depois de contar essa história tão alarmante, divido com vocês o sorriso do meu filho. Ele me fortalece a cada dia e me faz reconhecer a importância da vida.

Quando decidi voltar gradativamente ao trabalho e imaginei que estava superando todo esse momento de sofrimento, considerei estranho não me sentir plena, pois estava me recuperando bem do câncer e tinha todos os motivos do mundo para sentir-me feliz. No meu retorno, comecei desenvolvendo atividades administrativas direcionadas para o ensino e a extensão, pois encontrava-me com problemas vocais para voltar a entrar em sala de aula. Nessa fase, estava em tratamento fonoterápico para recuperar minha potência vocal que havia ficado prejudicada depois do câncer de tireoide.

Quando achei que estava voltando ao trabalho com normalidade, infelizmente mais um susto quase me levou à morte. No dia 18 de maio de 2017, sofri um acidente vascular cerebral hemorrágico (AVC), provocado pelo rompimento de um aneurisma (uma dilatação anormal de um vaso sanguíneo enfraquecido). Cabe salientar que as mulheres são mais propensas a adquirir essa doença do que os homens, e existem vários fatores que podem contribuir para esse enfraquecimento da parede arterial, aumentado o risco para a formação de um aneurisma.

Parecia que o universo conspirava contra o meu retorno à instituição educacional na qual trabalhava. Por ironia do destino, foi no dia em que levei minha angiorressonância para o neurologista que esse episódio ocorreu. Eu havia procurado o especialista por causa de constantes dores de cabeça. Quando levei o exame, no dia 18 pela manhã, recebi o diagnóstico da presença do aneurisma. Dessa forma, o médico solicitou a arteriografia cerebral para verificar se eu precisaria fazer cirurgia ou só acompanhamento. Ao voltar para casa após a consulta, na hora do almoço, comecei a sentir uma dor de cabeça insuportável, um mal-estar estranho. A cabeça começou a ficar pesada e de repente caí no sofá já sem força corporal. Nesse exato momento, meu marido havia chegado para almoçar e me levou às pressas ao hospital. Quando lá cheguei, já não sentia as pernas e os braços. Uma sensação assustadora tomou conta do meu ser. Foi o pior momento da minha vida, não me lembro com exatidão, mas acredito que fiquei uns dezessete dias no Centro de Terapia Intensiva (CTI) e mais uns três dias em apartamento.

No hospital, precisei aguardar a tomografia para ter certeza do que estava acontecendo comigo. Enquanto isso, só piorei, a voz se tornou estranha, o rosto paralisou e fiquei com muita dificuldade de me comunicar. Depois que o resultado do exame saiu, confirmaram o acidente vascular cerebral hemorrágico. Levaram-me imediatamente para o CTI e lá fiquei internada para os cuidados necessários. Demorei para fazer o implante do *stent* (prótese metálica em forma cilíndrica), pois eu precisava de um *stent* conversor de fluxo mais moderno, e o plano de saúde só queria autorizar um modelo inapropriado para o meu caso. O neurocirurgião havia informado que com o modelo liberado eu não sobreviveria, em razão do tipo de aneurisma, pois correria risco de trombose. Assim, começou a luta do meu marido com o plano de saúde. Ele moveu céus e terra no centro de atendimento do plano para conseguir a liberação. O Mérces foi absolutamente parceiro e grandioso para me ajudar. Não tenho palavras que mensurem o que esse companheiro de todas as horas fez por mim. Só tenho a agradecer o fato de ter encontrado alguém como ele.

    Após toda a luta dele, conseguimos a liberação. Fui submetida a uma embolização intracraniana com implante do *stent* (tratamento endovascular). Depois do procedimento, fui encaminhada ao CTI novamente, e lá sofri um episódio de parada cardíaca que evoluiu com retorno rápido ao ritmo sinusal (cardíaco). Apesar de esse episódio ter sido rápido, nessa parada passei pela experiência de quase morte – EQM. Acreditem ou não, eu me vi fora do corpo acompanhando toda a equipe médica tentando me ressuscitar. Comecei a sentir uma dor insuportável no peito, gritava de dor, de repente minhas pernas começaram a gelar e essa sensação passou a subir pelo corpo todo; quando percebi, tive a impressão de que estava flutuando e fui ficar ao lado da médica plantonista. Vi meu corpo na cama totalmente imóvel e simplesmente não acreditava no que estava acontecendo. A médica dava todas as orientações sobre os procedimentos aos enfermeiros. Vi angústia em seu olhar. Nesse momento de desespero da equipe, ela comentou: "Meu Deus! A gente vai perder a nossa melhor paciente".

    Ela disse isso pois, antes da parada cardíaca, eu dava sinais de boa recuperação. Nesse momento, chorei desesperadamente e pedi a Deus que não morresse naquela hora, pois precisava cuidar do meu filho de apenas 3 anos. Comecei a orar e suplicar com lágrimas nos olhos, pensando com firmeza em meu filho. Inesperadamente tive a impressão de ser sugada para o meu corpo e senti um calor percorrendo todo o meu organismo de novo. Quando estava fora do corpo, parei de sentir dor e estava leve, sem densidade alguma, parecia que eu estava em um plano paralelo. Essa experiência foi impressionante e nunca mais me esquecerei dela.

Corroborando o que vivenciei, Bartlett faz um recorte em sua obra *A bíblia da vida após a morte*, em que nos fala sobre as crenças, a história, a mitologia e a ciência da vida após a morte. Assim como ela, os cientistas racionais acreditam que não existe nada além da vida, ou seja, que nada mais existirá após a morte. No entanto, admite que, na área, já foram feitas pesquisas científicas bem-sucedidas, principalmente em estudos que envolveram pessoas que passaram pela experiência de quase morte. Para a autora, embora o fenômeno seja discutível, foram apresentadas algumas provas verossímeis de que nem todas as respostas podem ser encontradas no campo neurológico do cérebro. Nas investigações sobre essas experiências fora do corpo, constatou-se que pessoas de todo o mundo descreveram experiências muito parecidas. E afirma que estudos recentes feitos por pesquisadores indicam que a mente continua a existir após a morte (BARTLETT, 2017, p. 14-17). Particularmente, penso que acreditar ou não nessa hipótese depende muito das crenças e da vivência de cada ser humano. Eu não tenho mais dúvidas, pois o que passei deu-me provas concretas disso. Além disso, a cada dia que passa recebo sinais do universo dessa existência do plano espiritual.

Dando continuidade aos fatos ocorridos no hospital, destaco que levei tantas agulhadas que meus braços ficaram arroxeados. No período em que permaneci internada, tive de fazer exames duas a três vezes por dia. O resultado disso foi que minhas veias ficaram tão finas que, para fazer exame de sangue, hoje em dia, há muita dificuldade em encontrar alguma. Na maioria das vezes, preciso usar agulha de bebê.

De modo geral, minha experiência mudou a visão que eu tinha sobre a morte. Dessa forma, pesquisei e encontrei duas explicações para tal acontecimento. De um lado, há o *aspecto neurobiológico*, e, de outro, *o espiritual*. Para os estudiosos de doutrinas espiritualistas, são evidências da vida após a morte. Dizem também que é uma oportunidade oferecida pela divindade para que as pessoas que passam por essa experiência revejam a vida, o que fizeram e o que deixaram de fazer. Pode ser uma chance de dar novo sentido à vida. Por outro lado, para os cientistas ortodoxos, a explicação dada sobre a EQM é a de que esse acontecimento resulta de distúrbios cerebrais decorrentes de problemas com circulação sanguínea e efeito de medicação, entre outros fatores. Fiz várias análises sobre essas duas explicações; apesar de não descartar a explicação neurobiológica para outros, no meu caso creio no fator espiritual, tendo em vista tudo que senti naquela situação. Asseguro-lhes que ver meu corpo na cama de hospital foi um acontecimento real. Ao me desprender do corpo, constatei a existência *do outro lado da vida*. Simplesmente inacreditável para quem não passou por tal experiência.

Fiquei uns vinte dias no hospital, os dias mais cruéis e doloridos que já experienciei. Nesses momentos, sentimos o quanto a família é tudo em nossa vida. Nos dias em que fiquei internada, o meu olho direito caiu, a boca entortou e fiquei com hemiparesia (paralisia parcial de um lado do corpo) do lado direito. Eu não podia me levantar da cama nem fazer esforço, pois isso poderia me levar a óbito. Imaginem a minha apreensão. Naquelas condições, não podia ir ao banheiro e, por isso, tinha de usar fralda para as necessidades fisiológicas. A hora do banho era constrangedora, eu ficava muito envergonhada, pois banhavam-me na própria cama; algumas vezes vinham duas enfermeiras, outras, uma enfermeira e um enfermeiro. Nessas horas percebemos o quanto somos vulneráveis e dependentes. Com isso, aprendi que qualquer um está sujeito, mais cedo ou mais tarde, a passar por situações como essa, em que poderá precisar do auxílio de outrem.

Quando voltei para casa, não caminhava sem auxílio, sentia uma tontura enorme ao ficar em pé; era como se o corpo não suportasse o peso da cabeça. Não tomava banho sozinha e não conseguia segurar talheres na mão direita, tampouco escrever. Como sempre fui destra, era muito triste não conseguir manusear uma caneta. Além da parte motora, fiquei com sequela cognitiva envolvendo perda de memória recente, dificuldade de concentração e atenção. Após alguns meses de fisioterapia de reabilitação motora, essas sequelas foram melhorando. É importante destacar que o tratamento psicológico, no meu caso a psicoterapia, foi fundamental para fortalecer a autoestima, reconhecer os meus defeitos de forma a saber lidar com eles e me ajudar a encontrar novos caminhos de superação. Depois de um ano e meio, comecei a fazer terapia ocupacional, um tratamento de reabilitação a portadores de alterações cognitivas, perceptivas, psicomotoras, entre outras. Além disso, faço fonoterapia, que, além de auxiliar na articulação e fluência da linguagem, atua também para reabilitar funções neuromusculares, sensoriais e cognitivo-comportamentais que ficaram comprometidas. Outro acompanhamento que continuo a fazer para não sofrer recaídas em relação à depressão é o psiquiátrico.

Enfim, todos esses tratamentos foram – e estão sendo – de suma importância para o meu processo de recuperação, que foi surpreendente, pois a junta médica acreditava que eu poderia passar a vida toda numa cadeira de rodas ou precisaria de um andador.

A fase de recuperação foi muito difícil, triste e desoladora, porém senti que havia uma razão para tanto sofrimento. Após todos esses acontecimentos, a junta médica decidiu me afastar de minhas atividades laborativas integralmente por causa das sequelas e dos riscos, a fim de que eu cuidasse de minha saúde. Confesso que aceitar essa nova condição foi muito doloroso para mim. Eu tinha grandes expectativas em relação ao meu emprego. Nos primeiros dias de afastamento integral, senti um vazio e um sentimento de perda muito grande. Nesse momento, comecei a ler um livro sobre como desenvolver o poder da mente, cujo conceitos eu desconhecia, mesmo os tendo praticado na infância e nos momentos difíceis. Refiro-me ao livro *O poder do subconsciente*, de Joseph Murphy, grande pesquisador da área.

Após a leitura, compreendi que a nossa mente se divide em dois níveis: o consciente-racional e o subconsciente-irracional, isto é, nós raciocinamos com o primeiro e criamos e sentimos com o segundo. Murphy afirma que a lei da mente subconsciente funciona para acontecimentos bons e ruins, ou seja, se a usarmos de modo negativo, causaremos fracasso, frustração e infelicidade. Se, contudo, a usarmos de forma positiva, atrairemos saúde, sucesso e prosperidade. De acordo com seus estudos, nossa mente possui um poder curador e condições de restaurar as aptidões e funções do corpo humano devolvendo a boa saúde, isto é, o trabalho de cura pode ser feito pela própria mente subconsciente do paciente, por meio da crença. Murphy afirma: "A reação ou resposta que obtemos da mente consciente é determinada pela natureza do pensamento ou ideia que mantemos na mente consciente" (2018, p. 33). Comparando essa citação ao meu caso, concluo que a convicção posta no subconsciente de que serei curada, ou de que superarei todos os momentos de sofrimento, contribuirá na manifestação concreta desse processo em meu corpo, devido ao poder que a mente tem de reestabelecer o emocional e equilibrar toda a estrutura química do organismo. Em minha experiência, posso dizer que o presente conceito me ajudou, pois a prática dessa orientação foi de suma importância para eu superar as doenças que tive. Cabe salientar que também encontramos princípio parecido na Lei da Atração, tema abordado mais adiante.

Com o passar do tempo e praticando a técnica de cura de doenças com o poder da mente, senti que algo havia mudado em mim depois da experiência de quase morte. De repente, pareceu-me que tudo havia acabado em relação à minha profissão e tudo mudara em relação à minha vida pessoal. Essa situação me identificou com a escritora norte-americana Joan Didion, autora da obra autobiográfica *O ano do pensamento mágico*, que define com clareza a sensação que senti no trecho em que afirma: "A vida muda num instante e tudo acaba de repente". Compreendi que era o que estava acontecendo comigo, pois senti que o caminho profissional que eu trilhava havia findado repentinamente, mudando minha vida. Sua história retrata de forma intensa e pessoal a superação de momentos difíceis, em que ela compartilha como conseguiu sobreviver à dor de perder o marido e a filha. Além disso, revela que a vida perde o sentido em momentos de dor e desespero. Assevero que sou a prova desse sentimento.

Com o tempo, percebi que tudo por que passei e da forma que passei *não aconteceu por acaso*. Essa expressão condiz com a obra *Nada acontece por acaso*, de Zíbia Gasparetto, que nos convida a refletir sobre a evolução humana, ajudando-nos a entender os acontecimentos da vida. Diante de tudo que enfrentei e da dor que senti, decidi aceitá-los; dessa forma, vi que minha vida estava sendo redirecionada para outra missão que percebi ser tão valorosa e importante quanto a que exerci na instituição em que trabalhava. Agora, porém, o despertar espiritual me levou para outro caminho. Expresso-me dessa forma pois é isso que sinto que aconteceu comigo, *despertei a consciência* – processo de evolução da alma – e, consequentemente, comecei a fortalecer a minha espiritualidade. Hoje sou grata porque foi apenas depois de todas essas adversidades que consegui entender a razão de estar viva: *seguir a minha missão de alma levando mensagem de fé e esperança para aqueles que querem desistir de viver e estão em processo de dor e deterioração humana.* Acredito que será minha doação por meio de palavras de amparo, escritas com amor e gratidão. Não é necessário passar por tanto sofrimento para descobrirmos a nossa missão na vida, mas infelizmente algumas pessoas, assim como eu, não conseguem ler os sinais do *despertar da consciência*. No despertar, comecei a valorizar mais as experiências do ser, em vez de viver focada somente nas conquistas individuais, e aprendi a olhar sempre o lado bom das pessoas. Hoje aflorei a minha essência e busco levar essa luz para outras pessoas iniciarem o processo de transformação pessoal.

A DUALIDADE ENTRE A VIDA E A MORTE

Quando aprofundei meus conhecimentos sobre a Lei de Ação e Reação, reconheço que me surpreendi com as possíveis respostas que descobri para as experiências vividas, pois a lei, no seu sentido espiritual, se propõe a explicar o sofrimento humano. Avaliando tudo o que passei, percebo que essa lei nos leva ao entendimento de que somos os únicos responsáveis pelos nossos sofrimentos, ou seja, ninguém é vítima, pois são as nossas escolhas que nos levam à vida plena ou ao sofrimento. Por isso fiquei muito interessada no tema. Com essa teoria, compreendi que o processo de sofrimento pode ser de circunstâncias atuais ou de consequências do passado. É claro que acreditar ou não é opcional, mas em minha trajetória pessoal fez sentido.

Para os espiritualistas, a causa seria a origem, a razão de um acontecimento, e o efeito seria a consequência direta de algum ato ou ação anterior. Considerando a abrangência universal do termo 'espiritualista', por curiosidade decidi conhecer outra linha, o espiritismo, doutrina cristã, apesar de alguns estudiosos dizerem o contrário. Acima de tudo, acredito que todas as crenças devem ser respeitadas. Pelo conhecimento que busquei, aprendi que o espiritismo é uma doutrina essencialmente filosófica; trata da natureza do mundo espiritual, sendo uma ciência que aborda a origem e o destino dos espíritos, bem como suas relações com o mundo corporal (ROCHA, 2016, p. 27), revelando-nos que o nosso sofrimento pode ter sua causa em vidas passadas. Isso me deixou intrigada.

Por encontrar explicação para a experiência de quase morte que vivenciei, decidi estudar o espiritismo, mesmo sendo de família católica. Confesso que tinha uma visão totalmente equivocada da doutrina. Depois de aprender seus princípios, simpatizei com seus ideais de crescimento humano. Aprendi que Deus não premia ou castiga ninguém, nós algumas vezes precisamos enfrentar momentos dolorosos para evoluirmos espiritualmente ou resgatarmos acontecimentos pretéritos. Hoje, acredito veementemente nessas relações que se estabelecem entre vivos e mortos, ou melhor, encarnados e desencarnados, pois, para os espíritas, nós somos eternos, o que se deteriora é apenas o corpo físico. Segundo a doutrina, todos estamos de passagem na Terra para evoluirmos espiritualmente por meio da reencarnação. O que me chamou a atenção nos princípios da doutrina é a parte filosófica da obra de Allan Kardec, codificador do espiritismo. Os pontos elencados por ele nos convidam a ter uma fé raciocinada, a não nos prendermos a dogmatismos e a acreditarmos na ciência associada à religião. Os espíritas não obrigam as pessoas a abandonar a própria religião, apenas preconizam o amor e a caridade. Seus estudos se baseiam no tripé ciência, religião e filosofia. Para melhor exemplificar os fundamentos do espiritismo, cito um trecho do conceito:

> [...] dizemos, pois, que a doutrina espírita ou o espiritismo tem por princípio as relações do mundo material com os espíritos ou seres do mundo invisível. Os adeptos do espiritismo serão os espíritas. O espiritismo é, ao mesmo tempo, uma ciência de observação e uma doutrina filosófica. Como ciência prática, ele consiste nas relações que se estabelecem entre nós e os espíritos; como filosofia compreende todas as consequências morais que dimanam dessas mesmas relações. O espiritismo é uma ciência que trata da natureza, origem e destino dos espíritos, bem como de suas relações com o mundo corporal (ROCHA, 2016, p. 29-30).

As explicações dadas e fundamentadas pelos espíritas atribuíram um novo direcionamento para os momentos difíceis que enfrentei na vida. Segundo Allan Kardec, vivemos no mundo de provas e expiações. Considerando os atos que vivenciei, essa afirmativa realmente faz sentido. Mesmo sendo de uma família católica, não posso negar que minha visão em relação ao sofrimento e à morte mudou depois de conhecer e estudar esses princípios. Minha crença em Deus se fortaleceu.

Aliando os conceitos espíritas e os estudos científicos citados por Bartlett, os quais envolvem recentes pesquisas em parapsicologia, depoimentos de pessoas que passaram pela experiência de quase morte e pesquisas sobre a natureza da matéria e da energia, comecei a reavaliar meus conceitos e preconceitos sobre a dualidade da vida e da morte. Percebi nos estudos existentes uma busca constante do ser humano em encontrar provas científicas para acreditar que o espírito, ou seja, a vida após a morte existe, como citei no capítulo anterior. Cabe mencionar que há pessoas que não precisam de nenhuma prova para crer. Nesse contexto, confesso a vocês que minha crença – que já existia, porém vivia oscilando por influência do racionalismo ortodoxo – se consolidou depois de eu ter passado pela experiência de quase morte. Faço um adendo em relação ao significado da palavra crença, pois as pessoas, de uma forma geral, limitam-na ao sentido religioso quando, na verdade, para mim, apresenta uma dimensão muito mais ampla, pelo fato de ser um ato de se acreditar, de ter convicção, certeza ou não na possibilidade de algo, independentemente de ser religioso ou ideológico (conjunto de crenças, ideias e doutrinas de uma sociedade). Digo isso a fim de exemplificar a crença na existência de Deus para os religiosos, a certeza dos ateus que creem convictamente que Ele não existe e também a crença de muitos estudiosos de que a ideologia pode ser um instrumento político, moral e social de dominação e alienação da consciência humana. Por essa razão é um tema muito relativo e involucra a percepção e a experiência de vida de cada um.

Conforme mencionei sobre a Lei de Ação e Reação, aprendi que sou a única responsável por tudo que tenho passado e pelas circunstâncias por que passei. Entendi que não sou vítima e que preciso me reerguer lutando contra as más tendências que perturbam a natureza humana. No entanto, quando compreendemos o real sentido da nossa existência, abrimos os nossos horizontes físicos e espirituais. Acredito que hoje em dia é preciso muita sabedoria para entender o verdadeiro significado da existência de Deus, aliada ao conhecimento científico. Em razão dos fanatismos em ambos os lados, associar esses dois temas não é fácil, mas, quando se consegue aceitar a importância dos dois aspectos para influenciar a nossa vida, depreendemos uma realidade ímpar, livre do aprisionamento, livre de uma fé cega, e somos conduzidos a uma fé raciocinada e inteligente, conforme os ditames espiritistas. Temos de refletir sobre a dualidade que há entre Deus e a Ciência, pois revela-se muito importante para entendermos o sentido de nossa vida, além de ser transformador aliar esses dois temas na busca pelo autoconhecimento. Vocês já pararam para pensar nisso? Agora eu penso todos os dias, e, com essa análise, consegui ressignificar a minha existência. Aprendi o quanto é importante conhecer a ciência humana e entender a razão de nossa existência. Com esse novo olhar, percebi que a convivência pautada no amor ao próximo nos engrandece, a prática da caridade nos fortalece e a observância às leis ético-morais nos conduz a um mundo melhor.

PROFUNDAS TRANSFORMAÇÕES APÓS EXPERIÊNCIAS TRAUMÁTICAS

Posso aclarar com propriedade que o universo nos dá sinais quando precisamos mudar o rumo da vida, principalmente quando não estamos no caminho da nossa missão de alma. No entanto, depois do *despertar da consciência*, percebo com exatidão que esses acontecimentos se tornam mais claros. Foi como uma epifania, uma sensação indescritível de compreensão da essência humana. Vi um filme na mente, tive de passar por vários momentos dolorosos, acometidos por sucessivas doenças e até pela experiência de quase morte, para compreender que precisava transformar radicalmente a minha forma de viver a vida, de encarar os problemas e de conviver com a família. Hoje me sinto equilibrada para superar os desafios que vivencio a cada dia; aprendi que para sermos felizes precisamos apenas fortalecer o nosso "eu" interior.

Devemos nos despojar do ódio, dos ressentimentos, da inveja e do ciúme, pois essas emoções apenas deterioram o organismo. E qualquer um pode ter esses sentimentos em alguma fase da vida. Devemos preencher o nosso coração de fé e amor ao próximo. O perdão é outro ato que nos engrandece, pois liberta a nossa alma de sentimentos tóxicos. De modo geral, as profundas transformações só acontecem quando entendemos o verdadeiro sentido da vida. Com a minha primeira psicóloga, Maria Luiza Mattos, conheci uma ferramenta de análise pessoal chamada "Roda da Vida", a qual me mostrou como faltava equilíbrio na minha vida pessoal e profissional. Ela foi criada nos anos 1960 pelo norte-americano Paul J. Meyer. De origem humilde, aos 27 anos ficou milionário e tornou-se um dos mais famosos palestrantes motivacionais do mundo. Ele acredita que a motivação é a mola propulsora para conquistar o sucesso e o desenvolvimento pessoal. Disponibilizo o modelo, que pode ser encontrado na internet, para que vocês façam o teste e avaliem em que setor precisam de equilíbrio.

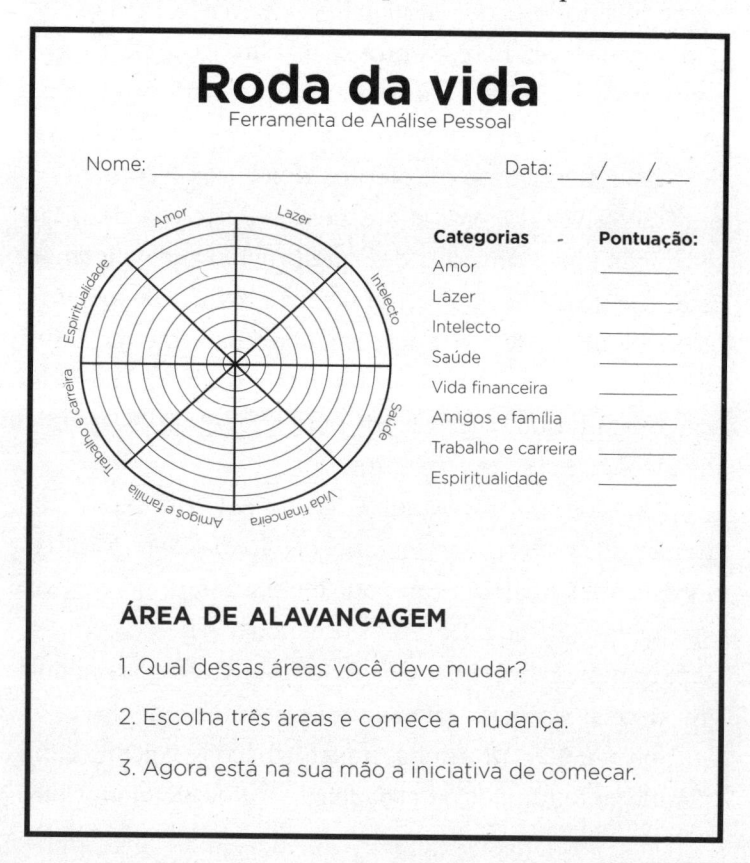

Roda da vida
Ferramenta de Análise Pessoal

Nome: _____ Data: ___/___/___

Categorias	Pontuação:
Amor	_____
Lazer	_____
Intelecto	_____
Saúde	_____
Vida financeira	_____
Amigos e família	_____
Trabalho e carreira	_____
Espiritualidade	_____

ÁREA DE ALAVANCAGEM

1. Qual dessas áreas você deve mudar?

2. Escolha três áreas e comece a mudança.

3. Agora está na sua mão a iniciativa de começar.

O presente exercício permite a visualização do que é importante para você, ajudando-o a recuperar o equilíbrio no setor profissional, familiar, financeiro, amoroso, intelectual, espiritual e também na saúde, pois sem ela não é possível enfrentar qualquer desafio físico e emocional. Pontue, numa escala de zero a dez, cada segmento em relação ao tempo que você disponibiliza a cada um deles. Pinte, então, cada segmento do círculo com a nota correspondente, do centro para as bordas. (Por exemplo: se sua nota na categoria Lazer é 7, você irá pintar 7 raios do segmento correspondente.) Avalie o que lhe dá mais satisfação em cada setor. Será que o seu trabalho está conectado com o seu propósito de vida? Será que você se permite momentos de relaxamento e lazer? Já parou para pensar se o que você faz causa transformação social? Você trabalha com o único objetivo de promover a sua ascensão financeira? Nesse aspecto, é preciso ter a consciência de que a única coisa que levamos desta vida é a conquista interior da alma. Você já parou para refletir sobre esses questionamentos? Será que estamos na vida somente para realizarmos os nossos objetivos egoísticos? Faça o brainstorming (tempestade de ideias – dinâmica para resolver problemas) do autoconhecimento e reveja suas prioridades; dessa forma, perceberá o quanto sua vida será transformada.

Nesse aspecto, considerando os elementos essenciais da psicologia humana, Lourenço Prado nos diz, em *Alegria e triunfo*, que a vida é um jogo, e que para o ser humano jogar com êxito, precisa educar a própria imaginação. Dessa forma, se você imaginar somente o bem, terá maiores chances de conquistar saúde, prosperidade, amor e amizades verdadeiras, pois expressará uma energia boa da sua própria essência (PRADO, 1999, p. 15-16).

O PODER DA ESSÊNCIA HUMANA

Quando passamos por momentos dolorosos de sofrimento, despertamos para o que realmente importa na vida. Descobrimos o poder da essência humana e começamos a compreender o nosso "eu interior". Essência é uma palavra que vem do latim *essentia* e, conforme o dicionário (MICHAELIS, 2008), significa a natureza íntima das coisas, ideia principal, significado especial, ou seja, indica a natureza, substância ou característica fundamental de uma pessoa ou coisa. Esse termo revela a nossa verdadeira identidade, mas no afã de vivermos uma vida encantada a desvirtuamos, pois somos seduzidos pelas tendências globais de comportamentos individualistas e conduzidos pelo desejo coletivo de não aceitação da nossa identidade cultural. Quando me refiro à identidade cultural, englobo o todo, ou seja, não nos identificamos com o que temos ou somos. Sempre o do outro é melhor. Por causa da massificação social, nós nos comparamos e acreditamos que devemos ter exatamente os mesmos padrões, condicionando-nos a seguir o modelo ideal de vida. Temos o direito à igualdade de oportunidade, pois somos iguais perante a lei, mas sempre devemos respeitar a diversidade de credo, raça e gênero. Isso ocorre desde as idiossincrasias (características comportamentais peculiares) de um povo em que se valoriza sempre uma nação estrangeira em detrimento da própria e vai até a não aceitação física. É curioso perceber o quanto somos vulneráveis às expectativas exigidas pela sociedade.

Vivemos em constante luta com a nossa essência, pois precisamos nos enquadrar nos padrões que nos são impostos, muitas vezes impossíveis de conquistar. Sei que são constatações relativas ao meu ponto de vista, mesmo assim, não descarto todos os conceitos sobre a essência humana. Nas minhas inquietudes pela busca de realização pessoal, eu me perdi no meio do caminho, pois não consegui dosar as minhas dimensões intelectuais, sociais, físicas e espirituais, e, consequentemente, fui sugada pelo abismo das fraquezas humanas. No entanto, depois do que passei, consegui compreender em que consiste a verdadeira essência humana e, com isso, venci minhas limitações aprendendo a reconhecê-las, entendendo que não preciso ser a melhor em tudo que faço, mas que devo, sim, fazer o meu melhor sem competir com o outro. Estamos aqui para nos desenvolvermos juntos; depois que entendi isso, consegui impulso para sair do abismo.

Compartilho com vocês as ações que efetuei para conquistar paz de espírito e felicidade. Dou-lhes tais orientações para que repensem também formas de melhorarem a vida, pois funcionou bastante para mim. Primeiro, ressalto que esses temas serão mais bem especificados na pirâmide da felicidade que criei e lhes mostrarei no último capítulo. Mesmo tendo a clareza de que socialmente nossas ações devem ser pautadas na coletividade, aprendi que somos seres individuais no sentido de que ninguém pertence a ninguém; não devemos nos prender às pessoas intensamente, pois isso traz sofrimento, causa ciúmes e desiquilibra o emocional. Devemos aceitar e respeitar as pessoas como elas são, com todos os defeitos e qualidades, pois o pior erro que cometemos é quando queremos transformá-las, quando desejamos que sejam conforme o que consideramos certo. Essa atitude mina qualquer relacionamento ou convivência profissional. A única pessoa que você pode transformar é você mesmo. Reforço essa ideia comentando mais alguns conceitos de Joseph Murph: ele nos diz que utilizar o poder do subconsciente pode livrar o ser humano de situações de sofrimento, tristeza e fracasso. E afirma: "o que você precisa fazer é unir-se mental e emocionalmente com o bem que deseja". Além disso, esclarece que se tornar receptivo trará do subconsciente o necessário para lhe dar acesso às novas formas de conhecimento. Assim, podemos moldar nossas vidas de acordo com aquilo que pensamos (MURPH, 2018, p. 10-19).

O PODER DA GRATIDÃO

Ressalto que discorro sobre gratidão amparada nas experiências pelas quais passei, pois há autores renomados que nos ensinam métodos que devemos praticar para operarmos milagres em nossas vidas pelo ato da gratidão; no meu caso, porém, é mais um relato pessoal. Quando comecei a fazer fisioterapia de reabilitação motora, precisei reaprender a caminhar, pois tinha muita dificuldade de locomoção. Lembro que me segurava em um espaldar e ainda precisava do auxílio da fisioterapeuta para simular a caminhada. Os primeiros meses não foram fáceis; primeiro eu tinha de processar em minha mente o movimento de erguer e baixar a perna para posteriormente executar a ação. Foi uma emoção inenarrável quando voltei a dar os primeiros passos de forma independente. Senti um misto de alegria e gratidão quando isso ocorreu. Ser grata a tudo que acontece conosco, sejam acontecimentos bons ou ruins, é uma forma de enfrentarmos com resiliência os problemas da vida. Visualizando a minha recuperação pelo poder da mente associado à minha fé, consegui superar as situações tão traumáticas que enfrentei nesse período.

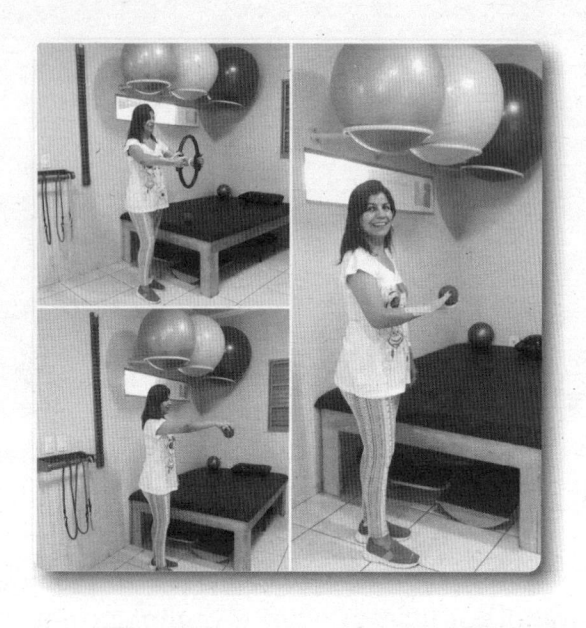

Posso afirmar que essa receita deu certo, pois quase todas as dificuldades motoras foram recuperadas extraordinariamente. Portanto, agradeça por tudo, sempre, desde as mínimas coisas, pois esse sentimento traz um retorno energético na mesma proporção para aquilo que agradecemos. Sejamos gratos por estarmos vivos, sejamos gratos pela família que temos, por mais difícil que seja a convivência em alguns aspectos, sejamos gratos pelo trabalho que temos, pelos amigos que conquistamos, pela saúde e pela prosperidade. No entanto, caso lhes faltem um ou mais desses itens, não se vitimizem ou lamentem, pois tal condicionamento dificultará ainda mais consegui-los. Pensem sempre de forma positiva e tudo dará certo. Sabem por que afirmo isso? Lembram-se de quando comentei sobre a Lei da Atração? Apesar de conhecida, essa lei foi difundida de forma ampla por Jerry e Esther Hicks somente na década de 1990. O interesse pelo tema correu o mundo e chegou ao Brasil. Michael J. Losier a define da seguinte forma: a pessoa atrai para si qualquer coisa à qual despende atenção, energia e concentração, seja ela positiva ou negativa (2007, p. 25). De certo modo, essa afirmação faz sentido. Para que essa percepção fique clara, o autor reforça:

> O termo "vibração" é geralmente utilizado para descrever um estado de espírito ou um sentimento que se sente a partir de alguém ou de alguma coisa. Alguém pode dizer, por exemplo, que sentiu uma boa vibração quando ficou perto de uma determinada pessoa, ou, então, pode dizer que sentiu uma vibração negativa quando passou por uma determinada região da cidade ou área do bairro. Em todos esses casos, o termo vibração é usado para descrever o estado de espírito ou o sentimento que vivenciamos. Em suma, uma vibração equivale a um estado de espírito ou a um sentimento. No mundo "vibracional", só existem duas espécies de vibrações, a positiva e a negativa (LOSIER, 2007, p. 39).

Entendo, aqui, que nós emanamos o que sentimos por meio vibracional, ponto em que entra a Lei da Atração, ou seja, a energia universal que nos cerca. É ela que responde à vibração que você emana, dando-lhe mais dessa energia que você emitiu, seja ela positiva ou negativa.

Eu pratiquei a Lei da Atração sem conhecê-la, pois, em todas as circunstâncias de aflição que superei, sempre me mantive positiva. Agora tenho aprofundado meus estudos sobre o tema e asseguro que ela realmente funciona – pelo menos no que tange à recuperação da saúde tem sido poderosa para mim. É óbvio que não podemos ficar parados apenas pensando positivo, precisamos fazer a nossa parte nesse processo. A expressão "peça, acredite e receba" funcionou de forma benéfica para a minha superação. Quando quase morri, eu pedi e acreditei que sobreviveria, dessa forma creio que essa ação contribuiu na oportunidade de continuar a jornada para cumprir minha missão na Terra. Sei que tudo isso parece surreal, mas somente quem passou por algo parecido e vivenciou essas sensações poderá me entender. No entanto, por mais *sui generis* que seja, é uma história que poderá ajudá-lo a rever seus conceitos e preconceitos em relação aos acontecimentos aparentemente inexplicáveis. Tente colocar-se em meu lugar e diga-me: de que forma você enfrentaria todos esses momentos adversos e problemas de saúde? Pense com carinho e delineie sua vida de forma a evitar passar por todos esses sofrimentos. E não se esqueça de ser sempre grato. Recomendo a leitura do grande "Poema da Gratidão", de Amélia Rodrigues (Divaldo Pereira Franco):

Muito obrigado, Senhor!
Muito obrigado pelo que me deste.
Muito obrigado pelo que me dás.
Obrigado pelo pão, pela vida, pelo ar, pela paz.
Muito obrigado pela beleza que os meus olhos

veem no altar na natureza.
Olhos que fitam o céu, a terra e o mar...

O poema completo está disponível na internet. Leia-o e sentirá uma sensação de paz profunda, além de fazer uma linda reflexão sobre o poder da gratidão.

O TEMPO NÃO EXISTE: VIVA O PRESENTE E SEJA FELIZ

Vivemos aprisionados ao fator tempo, a vida é uma correria, não temos tempo para nada. Segundo Albert Einstein, apesar de a ciência dividi-lo em passado, presente e futuro, tudo isso é ilusão. Ele suplantou as ideias de espaço e tempo absolutos; conforme sua teoria, tempo e espaço são valores relativos ao observador, ou seja, dependendo das circunstâncias, podem ser vistos de forma diferente. Com esse estudo, Einstein ampliou os conhecimentos da física clássica e instaurou uma nova forma de observação do universo, principalmente sobre massa e velocidade da luz (CHALTON; MACARDLE, 2017, p. 86). Sei que é difícil assimilar esse conceito, eu também não tenho muita afinidade com o tema, mas é importante considerá-lo, pois interfere em nossas vidas todos os dias. Li no livro de Rhonda Byrne (*O segredo*) que Einstein e os físicos quânticos afirmam que tudo acontece simultaneamente, e, quando se consegue entender e aceitar essa concepção, percebe-se que tudo o que se quer no futuro já existe. A leitura que faço desse conceito é a de que não precisamos nos prender ao fator tempo, pois ele automatiza nossas ações diárias e consequentemente engessa nossa vida.

    Creio que dependa de como vamos enxergar a influência do tempo em nosso dia a dia. Se nos utilizarmos dele como forma de organização e otimização das tarefas, terá um reflexo positivo em nossa vida, mas, se considerarmos que o tempo nunca é suficiente para executarmos nossas atividades e cumprirmos com as nossas responsabilidades, ele se tornará um grande vilão. Vivendo nessa percepção, gera-se um sentimento de impotência em relação ao tempo e nos aprisionamos completamente a ponto de não conseguirmos mais dividir de forma equilibrada um momento para a família, o trabalho, o lazer, o intelecto e a espiritualidade. Foi o que aconteceu comigo e me desestabilizou emocionalmente, pois vivia brigando com o tempo, quando, na verdade, eu é que deveria ter tido controle sobre ele. O tempo pode agir de forma negativa ou positiva em nossa vida, depende de como o utilizamos.

Em minhas ilações, concluo que o tempo sempre foi uma incógnita. Hoje vejo que eu não soube aproveitar o momento presente de cada época vivida. Quando criança, queria crescer logo para me tornar adolescente achando que a vida seria mais interessante, pois poderia sair para passear com as amigas, fazer curso de idiomas e ter mais liberdade. No entanto, quando entrei na adolescência, a situação ficou mais difícil porque já tinha de começar a trabalhar e assumir responsabilidades muito pesadas para a minha idade. Por isso procurei refúgio no curso de teatro, pois era o momento em que eu podia sonhar e me libertar das cobranças sociais. Também não consegui usufruir a adolescência por me preocupar com o futuro, afinal, precisava trabalhar e estudar para buscar uma vida melhor. Nessa fase, a minha vontade era completar logo os 25 anos, pois acreditava que seria madura e segura o suficiente para enfrentar a vida e, assim, seria mais feliz. Novamente deixei de viver o presente na busca de um amanhã melhor. Depois de atingir essa idade, percebi que não havia mudado muita coisa, pelo contrário, as responsabilidades só aumentavam e as dificuldades também. Nessa época, sempre vinha em minha mente a frase do pessimista Hardy, do antigo desenho *Lippy & Hardy*: "Oh, céus! Oh, vida! Oh, azar! Isto não vai dar certo!". Em alguns momentos, eu encarava a minha realidade com grande pessimismo e não conseguia perceber o quanto a vida tinha e tem coisas boas a nos oferecer, apenas precisamos visualizar o lado bom dela.

Comecei a viver o presente depois de todos esses episódios fatídicos que enfrentei, e agora eu vivo o hoje, sinto a vida de forma plena, aproveito cada momento com a minha família e entrego o amanhã para Deus, pois esse a Ele pertence. Aconselho a todos que evitem despender o tempo e a energia com situações ou coisas que não valham a pena. Parem de se preocupar com o futuro de maneira desmedida, pois precisamos, sim, pensar nele, mas sem nos esquecer de viver o hoje. Para fechar essa reflexão, recomendo que pensem na importância de vivermos o presente e cito a máxima de Horácio, em latim: *carpe diem*, isto é, aproveitem o momento.

A rotina, as obrigações trabalhistas, os papéis sociais que precisamos cumprir na vida moderna sufocam qualquer possibilidade de libertação do ser humano. Assim, para iniciar o meu processo de mudança, no intuito de viver o hoje, visualizei uma pirâmide de transformação.

Para iniciar, primeiro se questione: o que é felicidade para você? Parta do princípio de que ela é feita de momentos. A partir da sua resposta, construa sua pirâmide da felicidade, a fim de chegar a esse propósito. Darei o meu exemplo para que vocês visualizem. Eu restringi minha resposta a quatro eixos, os quais considero os pilares de libertação de todas as amarras que me trazem sofrimento e mal-estar. Cabe elucidar que o tema gratidão não consta nesses pilares, pois considero que esse sentimento já está inserido direta ou indiretamente em todos os eixos que cito, por isso foi contextualizado em um momento à parte.

A sociedade costuma centrar a representação simbólica da pirâmide apenas no quesito de ascensão social ou na matemática, quando, na verdade, ela tem um significado muito mais amplo. Sendo assim, eu a considero numa perspectiva de elevação espiritual perpassando o conhecimento e a realização humana. Misticamente representa a libertação do homem no plano material para a ascensão celestial. Entre os quatros pilares que norteiam a minha vida, a meu ver, o amor nas suas mais diversas formas de manifestação representa o ápice da verdadeira fonte da felicidade humana.

PIRÂMIDE DA FELICIDADE

- Amor
- Autoaceitação
- Desapego
- Perdão

Primeiro pilar: AMOR

    A conceituação e a idealização do amor são muito subjetivas, pois envolvem tudo o que existe. A quem – e como – esse sentimento será direcionado varia de acordo com a época e a cultura de um povo. Amar tudo e todos, independentemente de qualquer coisa, é o melhor caminho para visualizarmos a beleza e sentirmos a alegria de viver. Conforme mencionado, acredito que o amor é a fonte da verdadeira felicidade, assim, se quisermos ser amados, primeiro precisamos nos amar profundamente, caso contrário não conseguiremos amar ninguém. A famosa frase bíblica "Ame seu próximo como a ti mesmo" traz essa ideia com exatidão. O amor verdadeiro não cobra, não sufoca, apenas aceita o outro exatamente como ele é. Outro trecho da canção "Pais e filhos", da Legião Urbana – "É preciso amar as pessoas como se não houvesse amanhã, porque se você parar pra pensar na verdade não há" –, retrata a realidade de nos amarmos no hoje, pois é a única certeza que temos na vida; não sabemos se estaremos juntos no amanhã para continuarmos dando vazão a esse sentimento. A vida é efêmera e, se nos conscientizarmos disso, procuraremos viver da melhor forma possível e pararemos de despender energia com situações insignificantes.

Segundo pilar: AUTOACEITAÇÃO

Seja você mesmo, viva a sua essência, como já comentei, não queira se enquadrar nos padrões estabelecidos pela sociedade, principalmente no quesito padrão de beleza e conceito de sucesso, pois o belo está nos olhos de quem vê. Devemos nos amar exatamente como somos, sem nos compararmos a ninguém, pois a verdadeira beleza encontra-se na diversidade. Caso contrário, entraremos no grupo de adolescentes e adultos inconformados por não atingir esse modelo surreal de beleza, dilacerando nossa autoestima. Diante disso, temos o aumento de estresse e a não aceitação da aparência física. Já em relação à realização profissional é muito relativo, depende do que você considera sucesso na vida. A pessoa pode sentir-se vitoriosa gerenciando a vida familiar. Por outro lado, há pessoas que se sentirão realizadas ao conquistar cargos importantes em grandes empresas, outras sonham com a fama e a riqueza, há aqueles que querem estabilidade profissional passando em concursos públicos e há, também, aqueles que procuram se desprender das cobranças sociais focando a vida na própria elevação espiritual. Ou seja, temos uma gama de possibilidades que podemos considerar como fator preponderante para a conquista do sucesso, depende da visão de cada um e do que realmente satisfaz cada pessoa. Por ser uma escolha individual, deve ser respeitada por todos. É preciso apenas se aceitar da forma que se é para sentir-se realizado.

Terceiro pilar: DESAPEGO

Desapegue-se das coisas materiais, pois, segundo Barão de Itararé, "a única coisa que a gente leva dessa vida é a vida que a gente leva". Isso não quer dizer que você não deva almejar bens para o seu conforto, mas adquiri-los não pode se tornar o único propósito de sua vida. Desapegue-se das pessoas. Apesar de sermos seres relacionais, temos que buscar nossa realização por nós mesmos, enquanto indivíduos, e não depositar no outro a missão de alcançar a realização para nós. Precisamos compreender que as pessoas não nos pertencem, ou seja, ninguém é de ninguém; quando somos tomados por esse sentimento, sofremos, pois vivemos cobrando constantemente do outro carinho, atenção, afeto, amor e, por isso, muitas vezes não aceitamos o término de uma relação. É esse sentimento de posse que gera violência e ciúmes nos relacionamentos conjugais.

Quando nos livramos do sentimento de posse, o ciúme simplesmente se esvai. Para conseguirmos isso, é preciso abnegação e desprendimento de si e do outro, pois, quando nos amamos, nos desvencilhamos de atitudes de tolhimento em relação ao outro. Com a maturidade, percebi que muitas vezes confundimos apego com amor, e hoje vejo que esse sentimento negativo não passa de carência afetiva. O amor verdadeiro, por outro lado, significa encorajar sempre o crescimento do outro, além de dedicação, companheirismo e renúncia mútua em algumas situações. Quando conseguimos desapegar, o sentimento de liberdade é maravilhoso! A convivência torna-se harmoniosa e aumentamos a confiança no outro. Uma das atitudes que tomei em meu relacionamento conjugal e que propiciou leveza em nossa convivência foi parar com as cobranças e os julgamentos. Querer saber o tempo todo o que o outro está fazendo, está lendo, está olhando no celular, aonde foi, com quem foi, por que demorou, por que não avisou, ufa! Isso sufoca qualquer um. E, quando criticamos o tempo todo a conduta do outro em um relacionamento querendo que este se adeque ao que julgamos correto, não estamos respeitando a sua personalidade. É preciso lembrar que, quando o conhecemos, ele já tinha essa conduta. Nesse aspecto, se pararmos com tais atitudes, não sofreremos mais. Eu digo com propriedade, pois fiz isso e senti a diferença no meu relacionamento. Embora eu não agisse dessa forma o tempo todo, sufocava esse sentimento internamente quando percebia que estava exagerando, mas era um sentimento que me afligia e me entristecia profundamente. Pena que só tive essa percepção depois de ter passado por tantos momentos ruins conforme compartilhei com vocês, senão teria começado a viver de forma tranquila e harmoniosa há mais tempo.

 Às vezes fico pensando se eu despertaria para esse novo olhar sobre a vida caso não tivesse passado por tantos momentos traumáticos. Mesmo assim, acredito que nós podemos aprender com os erros e as experiências dos outros, razão de dividir com vocês a minha história de ascensão, sofrimento e o caminho para o processo de superação, pois poderá auxiliá-los a rever as próprias atitudes para que não passem pelo que passei. Vivamos com simplicidade, pois as verdadeiras riquezas que preservaremos são as da alma. Adotem essa atitude e perceberão nitidamente a diferença. O desapego de tudo o que lhe faz mal leva ao autoconhecimento, fato que implica a libertação das amarras que nos fazem sofrer.

Quarto pilar: PERDÃO

Não existe sentimento mais destrutivo que o ressentimento, a mágoa, o desejo de vingança, por isso a nobreza do perdão retira do nosso interior essas energias que corroem o nosso organismo, tornando-nos infelizes. Não precisamos conviver ou aceitar uma pessoa que nos magoou e feriu, apenas temos de retirar de nossos corações o mal que nos causaram e não desejar o mesmo mal ao outro, pois o próprio curso da vida se encarrega disso, conforme a Lei de Ação e Reação. Perdoar é uma ação positiva para livrar-se de um sentimento negativo. Também temos de realizar autoanálise para avaliar quem magoamos ou fizemos sofrer a fim de pedir perdão e nos sentirmos em paz.

Sempre acreditei que não estamos nesta vida por acaso, sei que temos o livre-arbítrio para escolhermos o caminho que queremos seguir, contudo, acredito que há uma razão para muitas coisas que nos acontecem, conforme havia mencionado anteriormente. Essa minha conclusão obteve resposta, pois senti no corpo físico e na alma a razão de estarmos aqui. Muitas pessoas podem pensar que não há lógica nesse tipo de raciocínio, mas na verdade faz todo o sentido. Eu sou o exemplo real disso! Quando não estamos seguindo o caminho que deveríamos, a vida nos mostra o direcionamento. Descubra seu propósito de vida também e encontrará a verdadeira felicidade.

🕊 🕊 🕊

A título de reflexão menciono Aristóteles, para quem a felicidade vincula-se a um comportamento moderado de conduta. Além disso, afirma que a boa conduta e os bons costumes são mais positivos que ações isoladas, hábito que se adquire com o exercício do intelecto, ou seja, pode-se conquistar a felicidade pela tranquilidade intelectual e a contemplação da vida sem as perturbações do dia a dia.

Encontrar a motivação para superar todos os obstáculos que a vida nos impõe não é uma tarefa fácil, mas existem caminhos que podemos percorrer para conseguir um meio-termo entre a tristeza e a felicidade. Com base na minha experiência, acredito que o que vivenciamos são momentos felizes, pois é sabido que a felicidade plena não existe. Portanto, mantenha sua essência, não queira se encaixar em padrões; quando se tem consciência de que a sociedade muitas vezes impõe valores deturpados, uma vida sem sofrimentos, uma família perfeita, compreendemos de fato que tudo isso é pura ilusão, que não existe. Nesse momento, começamos a enxergar a realidade. Depreendemos que somos seres normais, cheios de defeitos e qualidades, sorrimos, choramos, nos decepcionamos, caímos e levantamos sempre. Quando não se consegue isso, muitas vezes comete-se o suicídio. Isso retrata a falência do ser. Quando se chega a esse ponto, significa que a pessoa encontrou o abismo e não teve forças sobre-humanas para voltar.

Acabar com a própria vida é um ato impensado reforçado pelo sofrimento extremo. Aliás, só pensar em tal ato já demonstra um desequilíbrio emocional muito forte. Eu contei a vocês como foi a minha experiência quando cheguei ao extremo de pensar nessa possibilidade, ao ouvir a voz que bradava em meus ouvidos, e lhes asseguro firmemente que a força para não se deixar levar nessas circunstâncias vem da própria mente. Vencer um sentimento de autodestruição exige fé e amor-próprio. E, quando vencemos esses momentos, voltamos a perceber beleza em tudo; em meu exemplo, acredito que renasci das cinzas como uma fênix.

Em razão disso, digo-lhes que não se abatam em momentos de desilusão e sofrimento, pensem apenas que é uma condição passageira. Não devemos viver em constante melancolia; por essa razão é preciso enfrentar tais sentimentos com atitudes positivas. Também temos de parar de nos preocupar demasiadamente com o que os outros pensam, pois o julgamento e as críticas sempre nos magoam. Não existe uma fórmula exata para os momentos de felicidade, mas algumas atitudes podem elevar a motivação pessoal e melhorar a vibração. É claro que não podemos desconsiderar a necessidade de tratamento médico em muitos casos, psiquiátricos ou não, mas devemos aliar atitudes positivas com a medicação. Assim, quando seu pensamento estiver reforçando somente coisas ruins, faça o reverso, bloqueie-os de sua mente e substitua-os por pensamentos que lhe tragam boas sensações.

Dessa forma, compartilho algumas dicas que funcionaram para mim: é ótimo ouvir música, dançar, ler bons livros e meditar.

Destaco a meditação entre as minhas atividades preferidas, pois comecei a sentir tranquilidade, silenciei a mente e consegui uma conexão de transcendência espiritual com o meu "eu" superior.

Apesar de o foco principal da meditação ser o relaxamento, muitas pessoas a utilizam para visualizar suas metas, para estabelecer uma conexão espiritual (aos que creem) ou apenas sentir-se em estado de paz. Você pode pesquisar na internet várias formas específicas de meditação guiada, mas em geral os passos para iniciantes são:

- encontrar um lugar tranquilo;
- diminuir a luminosidade;
- contemplar a natureza;
- colocar uma música bem calma;

- sentar na grama, em uma almofada ou deitar em um lugar aconchegante;
- vestir roupas soltas e confortáveis;
- delimitar o tempo entre 10 a 30 minutos ou mais, caso possa;
- programar o alarme para controlar o tempo;
- sentar ou deitar da forma correta e iniciar com a inspiração e expiração;
- desligar-se de todas as preocupações e concentrar-se profundamente.

Indico também as terapias holísticas cujo princípio é restaurar, equilibrar e harmonizar as energias de todo o corpo, envolvendo o lado emocional, mental e espiritual. Entre elas, temos reiki, quiropraxia, reflexologia, pedras quentes, terapia quântica, shiatsu e também a yoga, filosofia milenar que trabalha a parte física e mental, entre outros. Uma ação revigorante que pratico é pisar na grama para descarregar energias pesadas. No mais, acredito que enfrentar os medos intrínsecos nos ajuda no autoconhecimento; é preciso não se cobrar tanto, pois a exigência excessiva sobre si tira a paz e a tranquilidade, então se aceite e se ame exatamente como é. E, por fim, equalize o tempo dedicado a sua família, que é a fonte de sustentação emocional do ser humano. Tenha força e fé para enfrentar todas as dificuldades. Lembro-me, em minha juventude, de que nos momentos de tristeza, além do apoio da família, havia uma canção que sempre me encorajava a seguir minha jornada. Eu a ouvia todos os dias por volta das seis da manhã, pois tocava no ônibus, a caminho do trabalho. Por meio dessa música, "Diante do Rei" (Banda Vida Reluz, 2000), eu fazia reflexões profundas sobre a vida e me emocionava constantemente.

Vem, Senhor Jesus,
o coração já bate forte ao te ver,
a tua graça hoje eu quero receber,
sem a benção do Senhor não sei viver.
Vem, senhor Jesus,
olhar o povo ao teu redor me faz lembrar
a multidão lá no caminho a te esperar...

Faço referência a esse trecho pois ele confortou meu coração em muitos momentos infelizes e manteve acesa em mim a chama da esperança de uma vida melhor e dos sonhos de realização profissional. Ela tocava profundamente meu coração e não me deixava desistir de meus sonhos. Fortalecia e fortalece minha fé em Deus. Cabe comentar que hoje estou mais forte, pois despertei espiritualmente e não me deixo influenciar por crenças limitantes. Sei que em nossa sociedade muitos dissociam ciência e fé, porém acredito nessa união de forma consciente. Por isso luto internamente por mudanças de paradigmas no tocante à fé cega. Dessa forma, devemos entender que, independentemente do credo, temos que sentir uma presença divina em cada um de nós para obtermos paz de espírito. Portanto, não desista de você! Não desista dos seus sonhos! Sinta a presença do Pai em seu coração e lembre-se de que encontrará essa luz e determinação no seu subconsciente. Aprenda com a minha experiência, pois você não precisa passar por tudo o que passei para *despertar a sua consciência*. Caso esteja vivendo uma situação parecida com a minha, percorra o caminho da superação, reflita sobre tudo que vivenciei e ressignifique sua vida com sabedoria e serenidade para ampliar seus momentos felizes.

REFERÊNCIAS BIBLIOGRÁFICAS

ABRÃO, S. B. (Org.). *A história da filosofia*. São Paulo: Nova Cultural, 2004.

BARTLETT, S. *A bíblia da vida após a morte*. Trad. Denise de Carvalho Rocha. São Paulo: Pensamento, 2017.

BYRNE, R. *The Secret – O Segredo*. Trad. Marcos José da Cunha et al. Rio de Janeiro: Ediouro, 2007.

CHALTON, N; MACARDLE, M. *A história da ciência para quem tem pressa*. 3. ed. Rio de Janeiro: Valentina, 2017.

CURY, A. *Nunca desista de seus sonhos*. Rio de Janeiro: Sextante, 2007.

DIDION, J. *O ano do pensamento mágico*. Trad. Paulo Andrade Lemos. Rio de Janeiro: Nova Fronteira, 2006.

KLINJEY, R. *Eu escolho ser feliz*. São Paulo: Intelítera Editora, 2018.

LOSIER, M. J. *A lei da atração*: o segredo colocado em prática. Trad. Janaína Senna. Rio de Janeiro: Nova Fronteira, 2007.

MAIA, T. *Azul da cor do mar*. Tim Maia. Rio de Janeiro: Polydor, 1970.

MICHAELIS. *Dicionário escolar de língua portuguesa*. São Paulo: Melhoramentos, 2008.

MURPHY, J. *O poder do subconsciente*. 77. ed. Trad. Ruy Jungmann. Rio de Janeiro: BestSeller, 2018.

PRADO, L. *Alegria e triunfo*. São Paulo: Pensamento, 1999.

ROCHA, C. (Org.). *Estudo sistematizado da doutrina espírita*: programa fundamental. 2. ed. Brasília: FEB, 2016.

Roda da Vida. Disponível em: <https://clickidealequilibrio.com.br/rodadavidadesenvolvimentohumano/>. Acesso em: 28 set. 2018.

RODRIGUES, A. *Poema de gratidão*. Disponível em: <https://www.pensador.com/autor/poema_de_gratidao_amelia_rodrigues_divaldo_pereira_franco/>. Acesso em: 12 nov. 2018.

URBANA LEGIÃO. *Pais e filhos*. As quatros estações. Brasília: EMI, 1989.

VIDA RELUZ. *Diante do Rei. Deus Imenso*. São Paulo: Paulinas-Comep, 2000.

AGRADECIMENTOS

Este livro é fruto de profundas reflexões sobre a descoberta do sentido da vida. O processo de superação em que me encontro provocou transformações inimagináveis no meu estado de espírito. Pela oportunidade de compartilhar minha história com vocês, agradeço primeiro a DEUS, pois tive uma segunda chance de continuar nesta vida. Minha gratidão às energias positivas do universo e da espiritualidade que me intuíram a escrever esta obra de objetivo altruísta.

Agradeço especialmente ao companheiro Mérces pela força e pelo amor incondicional com que lutou por mim nos momentos mais delicados. Meu amor, sem você, o Hamilton e o nosso filho Rubens ao meu lado, eu não teria me fortalecido para vencer essa luta. Sou imensamente grata à minha mãe, Marina Magdalena, e à minha avó, Teresa de Jesus, que me auxiliaram com tanto amor e carinho no período de total dependência física. Sou grata à minha querida prima Rosimeiry Costa, enfermeira que despendeu uma parte de seu tempo para cuidar de mim depois que saí do Centro de Terapia Intensiva.

Agradeço às queridas Gicelma Chacarosqui e Suzana Mancilla pela amizade e por tudo que me ensinaram.

Saibam que vocês são minha fonte de inspiração e fizeram a diferença em minha vida.

Agradeço de coração às minhas amigas Eliza e Gabriela Romero por estarem ao meu lado e me apoiarem sempre. Sou feliz por nossa amizade indivisível.

Aos médicos Carlos Alberto Ferreira de Freitas (cirurgião de cabeça e pescoço), Mauro Sérgio Pinto e Antônio de Carvalho Silva (psiquiatras) e Emerson Luiz de Souza (neurocirurgião), profissionais excepcionais que cuidaram de mim.

À assistente social Auristela da Silva Lima dos Rios, do hospital El Kadri, que auxiliou minha família e nos atendeu com muito carinho enquanto estive internada. Em nome dela, estendo os meus agradecimentos à equipe do Centro de Terapia Intensiva (CTI) do hospital, todos me socorreram prontamente.

Às minhas psicólogas Catharina Ferraz e Maria Luiza Mattos, que sempre me aconselharam no difícil processo de autoconhecimento, iluminando o caminho de compreensão da minha história.

Às clinicas Saúde Plena de Fisioterapia (Alessandra/Kezia) e Espaço Você Terapias Múltiplas, em que faço fonoterapia e terapia ocupacional (Fabielle/Elidiane), locais onde meu processo de reabilitação tem alcançado ótimos resultados.

Minha eterna gratidão a todos esses profissionais, amigos e principalmente familiares que estiveram e estão comigo ao longo dessa jornada de superação.

FONTE: Mrs Eaves XL Serif

#Talentos da Literatura Brasileira
nas redes sociais